国家示范性中等职业学校重点建设专业教材

Qiche Weixiu Jichu Jineng Shixun Jiaocai

汽车维修基础技能实训教材

(第二版)

朱 军　汪胜国　陆志琴　主　编

忻状存　王瑞君　副主编

人民交通出版社股份有限公司
China Communications Press Co.,Ltd.

内 容 提 要

本书是国家示范性中等职业学校重点建设专业教材，涵盖了汽车维修常用工具、专用工具、常用设备、量具、钳工工具共计16个任务作为实训课教学内容，适合中等职业学校汽车运用与维修专业的学生使用。

图书在版编目（CIP）数据

汽车维修基础技能实训教材 / 朱军，汪胜国，陆志琴主编. —2版. —北京：人民交通出版社股份有限公司，2016.12

国家示范性中等职业学校重点建设专业教材

ISBN 978-7-114-13508-8

Ⅰ. ①汽… Ⅱ. ①朱… ②汪… ③陆… Ⅲ. ①汽车—车辆修理—中等专业学校—教材 Ⅳ. ①U472.4

中国版本图书馆CIP数据核字（2016）第289619号

国家示范性中等职业学校重点建设专业教材

书　　名：	汽车维修基础技能实训教材（第二版）
著 作 者：	朱　军　汪胜国　陆志琴
责任编辑：	刘　洋
出版发行：	人民交通出版社股份有限公司
地　　址：	（100011）北京市朝阳区安定门外外馆斜街3号
网　　址：	http://www.ccpcl.com.cn
销售电话：	（010）59757973
总 经 销：	人民交通出版社股份有限公司发行部
经　　销：	各地新华书店
印　　刷：	北京市密东印刷有限公司
开　　本：	880×1230　1/16
印　　张：	12.75
字　　数：	316千
版　　次：	2010年8月　第1版 2016年12月　第2版
印　　次：	2022年6月　第2版　第6次印刷　累计第15次印刷
书　　号：	ISBN 978-7-114-13508-8
定　　价：	32.00元

（有印刷、装订质量问题的图书由本公司负责调换）

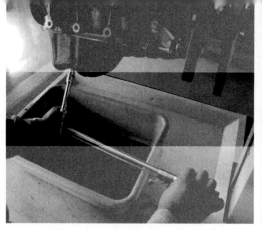

国家示范性中等职业学校重点建设专业教材

专家委员会

专家委员： 赵丽丽　朱　军　李东江　刘　亮　林邦安　王志勇
卞良勇　焦建刚

编写委员会

编写委员： 陈建惠　黄元杰　顾雯斌　陆志琴　孟华霞　方志英
方作棋　王成波　忻状存　颜世凯　林如军　王瑞君
汪胜国　麻建林　徐宏辉

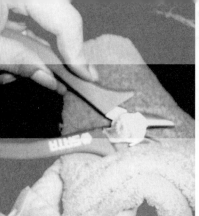 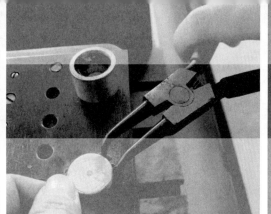 

序

我国的汽车保有量急剧增加，公路交通建设快速发展，这对汽车维修等汽车后市场的发展提出了更高的要求。近年来，尽管我国职业教育取得了很大的成就，但是有些职业院校的教学并没有完全反映企业的实际需求和学生的职业发展规律。职业教育的"职业性"不强，这已成为困扰职业教育适应行业企业发展需要的瓶颈问题。

事实上，这并不是我国所独有的问题，世界各国和地区也都在通过不同手段探索相应的解决方案。20世纪末，大众、宝马、福特、保时捷等六大国际汽车制造巨头曾在德国提出过一个《职业教育改革七点计划》，建议职业教育应在以下七个方面做出努力：

1. 加强文化基础教育——为青年人的生涯发展打下良好基础，包括掌握基本文化基础和关键能力。

2. 资格鉴定考试中加强定性评估——将职业资格鉴定与企业人力开发措施结合起来，资格考试按照行动导向和设计（Shaping）导向的原则进行。

3. 传授工作过程知识——职业院校应针对特定的工作过程传授专业知识，采用综合性的案例教学，并着力培养团队能力。

4. 学校和企业功能的重新定位——通过学校和企业的共同努力，提高职业教育质量：学校是终身学习的服务机构，企业成为学习化的企业。

5. 采用灵活的课程模式——通过核心专业课程奠定统一而扎实的专业基础，必要时包含具有地方和企业特征的教学内容。

6. 职业教育国际化——建立学校教育和企业培训质量互认，促进各国职业资格证书的可比性和透明度。

7. 促进校企合作的发展——企业和职业院校合作创办高水平职业教育机构，促进贴近工作岗位的职业教育典型实验和相关研究。

这一建议至今看来都有十分重要的借鉴意义。职业院校以市场和需求为导向的课程和教材建设，应当从专业所面向的职业工作任务出发，明确学习目标和学习内容，从而为学生的就业和职业生涯发展奠定必要的基础，这不论是在理论上还是实践上都面临着巨大的挑战。这里不仅要引入先进的职业教育理念，需要丰富的职业实践经验，而且需要把先进、实用的技术有针对性地与职业院校的教学工作有机结合起来。

中国汽车工程学会组织编写的这套教材在以上方面进行了有益的探索。教材充分利用了"蕴藏在实际工作任务的教和学的潜力"，按照工作组织安排学习，可以为学习者提供面向实际的学习机会。希望这套教材的出版不但能帮助职业院校更快、更好、更容易地培养出社会急需的技能型人才，而且也能为我国职业教育的教学改革提供有价值的经验。

北京师范大学职业与成人教育研究所

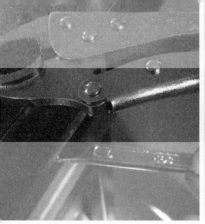

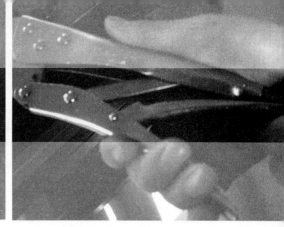

第二版前言

　　本套教材第一版的编写是由中国汽车工程学会汽车应用与服务分会与宁波市鄞州职业高级中学于2010年合作完成的。中国汽车工程学会汽车应用与服务分会的指导专家主要从"教什么"入手，结合一线教师企业调研提炼汽车维修的"典型工作任务"，之后围绕这些典型工作任务逐项提升教师自身的动手能力；在帮助教师熟练掌握维修技能后，指导他们将典型工作任务转化为学习任务，并据此设计课程，编写教材，解决了"怎么教"的问题。教材自出版以来，反馈良好，已数次重印。

　　近年来，汽车行业飞速发展，职教改革不断深入，对汽车专业的教学提出了新的要求，因此，我们于2016年下半年启动了本套教材的修订工作。本次修订结合了一线教师教学过程的总结与企业实践的思考，对第一版中部分不尽合理的操作步骤做了调整，对表述不规范的地方做了修改，对读者反馈的问题做了梳理，使内容更加规范合理，更加贴近教学要求，旨在为汽车职业教育教学提供更好的服务。

　　本套教材的内容包含了最基本的汽车维护实训项目，最典型的发动机维修、发动机电控系统故障诊断、汽车底盘和车身电器检测实训项目，以及为完成以上维修项目所必须掌握的汽车维修基础技能实训项目。在实训项目的选取上，本套教材紧扣中等职业学校汽车维修专业的培养目标，充分体现"必需、够用"原则，同时完全贴合教育部"全国职业院校技能大赛"中职汽车维修专业的比赛项目。

　　本套教材图文并茂地展现了技能教学的全过程，极大提升了教学的形象化和直观化，同时在每个步骤中都有要领提示，强化了汽车维修作业的规范性和作业技巧。在教学过程中，注重体现了汽车服务企业的5S管理，以使学生在掌握技能的同时提高职业素养。在每个任务的后面还给出了技能考核的参考标准，以便于教学效果的考评。

　　本书由朱军、汪胜国、陆志琴担任主编，由忻状存，王瑞君担任副主编。

　　限于编者的经历和水平，书中难免有不妥或错误之处，敬请广大读者批评指正，提出修改意见和建议，以便再版修订时改正。

编　者
2016年12月

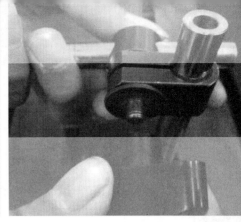

目录 CONTENTS

任务1 作业前准备
- 一、任务说明 ……………………………1
- 二、实训时间：80min ………………5
- 三、实训教学目标 ………………………5
- 四、实训器材 ……………………………5
- 五、教学组织 ……………………………5
- 六、操作步骤 ……………………………5

任务2 汽车维修常用工具（扳手类）
- 一、任务说明 ……………………………8
- 二、实训时间：160min ………………9
- 三、实训教学目标 ………………………9
- 四、实训器材 ……………………………9
- 五、教学组织 …………………………10
- 六、操作步骤 …………………………10
- 七、考核标准 …………………………23

任务3 汽车维修常用工具（钳类）
- 一、任务说明 …………………………24
- 二、实训时间：40min ………………26
- 三、实训教学目标 ……………………26
- 四、实训器材 …………………………26
- 五、教学组织 …………………………27
- 六、操作步骤 …………………………27
- 七、考核标准 …………………………33

任务4 汽车维修常用工具（螺丝刀类）
- 一、任务说明 …………………………34
- 二、实训时间：40min ………………35
- 三、实训教学目标 ……………………35
- 四、实训器材 …………………………35
- 五、教学组织 …………………………36
- 六、操作步骤 …………………………36
- 七、考核标准 …………………………38

任务5 其他汽车维修常用工具
- 一、任务说明 …………………………39
- 二、实训时间：40min ………………43
- 三、实训教学目标 ……………………43
- 四、实训器材 …………………………43
- 五、教学组织 …………………………44
- 六、操作步骤 …………………………44
- 七、考核标准 …………………………49

任务6 汽车维修常用专用工具
- 一、任务说明 …………………………50
- 二、实训时间：80min ………………51
- 三、实训教学目标 ……………………51
- 四、实训器材 …………………………51
- 五、教学组织 …………………………51
- 六、操作步骤 …………………………52
- 七、考核标准 …………………………58

任务7 汽车维修常用设备
- 一、任务说明 …………………………59
- 二、实训时间：80min ………………61
- 三、实训教学目标 ……………………61
- 四、实训器材 …………………………61
- 五、教学组织 …………………………61

六、操作步骤 ……… 62
七、考核标准 ……… 68

任务8 钢直尺与钢卷尺
一、任务说明 ……… 70
二、实训时间：40min ……… 71
三、实训教学目标 ……… 71
四、实训器材 ……… 71
五、教学组织 ……… 72
六、操作步骤 ……… 72
七、考核标准 ……… 78

任务9 塞尺与刀口尺
一、任务说明 ……… 79
二、实训时间：40min ……… 80
三、实训教学目标 ……… 80
四、实训器材 ……… 80
五、教学组织 ……… 80
六、操作步骤 ……… 80
七、考核标准 ……… 87

任务10 游标卡尺
一、任务说明 ……… 88
二、实训时间：80min ……… 89
三、实训教学目标 ……… 89
四、实训器材 ……… 89
五、教学组织 ……… 90
六、操作步骤 ……… 90
七、考核标准 ……… 99

任务11 外径千分尺
一、任务说明 ……… 100
二、实训时间：80min ……… 101
三、实训教学目标 ……… 101
四、实训器材 ……… 101
五、教学组织 ……… 101
六、操作步骤 ……… 102
七、考核标准 ……… 109

任务12 百分表与磁性表座
一、任务说明 ……… 111
二、实训时间：80min ……… 113
三、实训教学目标 ……… 113
四、实训器材 ……… 113
五、教学组织 ……… 113
六、操作步骤 ……… 114
七、考核标准 ……… 123

任务13 量缸表
一、任务说明 ……… 125
二、实训时间：120min ……… 126
三、实训教学目标 ……… 126
四、实训器材 ……… 126
五、教学组织 ……… 127
六、操作步骤 ……… 127
七、考核标准 ……… 136

任务14 装配钳工（一）
一、任务说明 ……… 137
二、实训时间：200min ……… 138
三、实训教学目标 ……… 138
四、实训器材 ……… 138
五、教学组织 ……… 139
六、操作步骤 ……… 139
七、考核标准 ……… 155

任务15 装配钳工（二）
一、任务说明 ……… 158
二、实训时间：160min ……… 159
三、实训教学目标 ……… 159
四、实训器材 ……… 160
五、教学组织 ……… 160
六、操作步骤 ……… 161
七、考核标准 ……… 176

任务16 汽车维修基础钳工工具
一、任务说明 ……… 178
二、实训时间：400min ……… 182
三、实训教学目标 ……… 182
四、实训器材 ……… 182
五、教学组织 ……… 183
六、操作步骤 ……… 183
七、考核标准 ……… 193

任务 1 作业前准备

一、任务说明

（一）5S管理

5S就是整理（SEIRI）、整顿（SEITON）、清扫（SEISO）、清洁（SEIKETSU）、素养（SHITSUKE）五个任务，因这五个日语单词的罗马拼音均以字母"S"开头，故简称为5S。

1 整理

将工作场所任何东西区分为有必要的与不必要的；把必要的东西与不必要的东西明确地、严格地区分开来；不必要的东西要尽快处理掉。

2 整顿

对整理之后留在现场的必要的物品分门别类放置，排列整齐，明确数量，有效标识。

3 清扫

将工作场所清扫干净。

4 清洁

将"整理""整顿""清扫"实施的做法制度化、规范化。

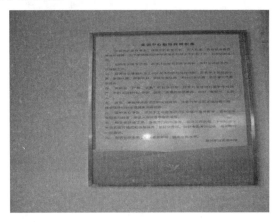

5 素养

通过各种手段，提高学生文明礼貌水准，增强团队意识，养成按规定行事的良好工作习惯。

（二）汽车维修安全知识

汽车维修安全知识是汽车维修过程中最基本、最重要的知识。不懂得安全作业，粗心大意或野蛮操作，往往会导致机器损坏、发生人身伤害事故，严重时甚至会造成人身伤亡和重大经济损失。汽车维修人员必须严肃认真地对待汽车维修过程中的安全问题。要想做到安全作业，首先要学习掌握有关安全知识。在汽车维修作业过程中，严格遵守有关安全的规章制度和安全操作规程，时刻注意自己工作中和周围环境中的不安全因素，采取必要和及时的措施防患于未然。

汽车维修安全主要包括两个方面：汽车维修作业安全和汽车维修工具设备的使用安全。

1 汽车维修作业安全

主要包括：

（1）用电安全。在工量具实训室中，注意台钻、砂轮机的电源插座安全；手电钻的用电安全；实训室各开关、灯具、插座的用电安全。

（2）防火安全。用汽油清洗零件、工具时，注意汽油的使用安全；注意对消防器材的爱护。

（3）个人安全防护。使用砂轮机、台钻时的个人安全防护；钳工锉、锯、画线、攻丝等的安全操作，工具、量具使用时的安全操作。

（4）车下作业安全。千斤顶、举升器使用时的车下作业安全。

（5）工作场所安全。实验室设备的放置；学生的站位布置等。

（6）汽车危险性废料处理安全。废机油、废汽油的安全处理。

（7）机器操作安全。台钻、举升器的安全

操作。

❷ 汽车维修工具设备的使用安全

主要包括：

（1）手工工具使用安全。各类常用工具如手锤、扳手、螺丝刀、钳类等手工工具的使用；钳工工具如锉刀、钢锯、丝锥等手工工具的使用。

（2）动力工具设备使用安全。气动扳手、砂轮机、手电钻等动力工具的使用。

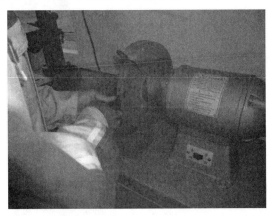

（三）工作台的使用

本书主要介绍的是各种工具的使用，与之配备的是自主研发的工作台。书中提及的各种实训课都是在此工作台上进行的，因此，每位学生都必须首先熟练掌握工作台的各项功能及其正确使用方法。

工作台由以下12个部分组成：

（1）自制集成式工作台。

（2）台虎钳。

（3）收集槽。

（4）敲击垫板。

（5）钢槽。用于量具和零件的夹装。

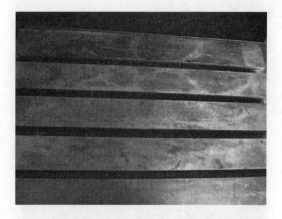

（6）可升降摇柄。

（7）下架。

（8）可移动零件工量具架。

（9）工具训练模板。

（10）装配钳工训练模块1。

（11）装配钳工训练模块2。

（12）装配钳工夹装专用夹具。

二 实训时间 80min

三 实训教学目标

（1）掌握5S管理的内容和实施要点；
（2）熟悉维修操作安全的相关内容，树立安全操作意识；
（3）掌握实训操作前的各项作业准备，并能认真实施；
（4）熟悉工量具工作台的结构、操作使用和使用中的相关注意事项。

四 实训器材

 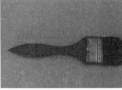   

机油壶　　　　　毛刷　　　　　起动机转子总成　　　两块毛巾　　　　游标卡尺

五 教学组织

❶ 教学组织形式

此实训教学任务为实训操作课，一名实训教师，22名学生，实验室共有多功能工作台11张，每张工作台左右两个工位，每个工位都装有工具训练模块、装配钳工夹装模块，每个工位一名学生独立进行操作。

❷ 学生的站位分工和要求

每位学生按规定的工位站立，按教师的指令同时独立进行操作。

❸ 实训教师职责

确定每位学生的工位，组织好学生；讲解实训任务内容的操作步骤和注意事项，分析操作的要领，并进行示范操作；组织学生进行操作；工位间巡视、检查、指导和纠正学生的操作错误；课堂总结；组织学生对实验室进行清洁整理。

❹ 学生职责

认真听取教师的讲解，观察教师的示范操作，独立完成相关的实训操作，进行独立思考和分析，注意操作的安全性，自我总结，并做好清洁整理工作。

六 操作步骤

 学生工位的确定：标明工位序号1、2、3……学生按学号确定工位。例××班学号为1号的学生对应工位号1，要求每节课每位学生站在指定工位上。

> **提示：**
> 安排时，注意学生的身高，可根据学生身高从低到高，从前往后排列。

2 学生着装整齐规范，拉链拉好，袖口扣好，衣领整齐。不佩戴任何首饰。

3 以跨立姿势站在离工位边20cm位置，面向前方。

4 站姿训练。

（1）面向前方站立。要求以跨立姿势站在工作台中间，离工作台边缘20cm位置，抬头、挺胸，看向前方。直列、横列均要对齐。

（2）面向工作台站立。

要求以跨立姿势站在工作台中间，离工作台边缘20cm位置，抬头，挺胸，面向操作工作台面。

5 工作台的使用准备。

（1）工作台的清洁。

① 清洁垫板。

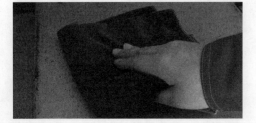

② 清洁钢槽。

③ 清洁工量具架和零件架。

④ 清洁台虎钳。

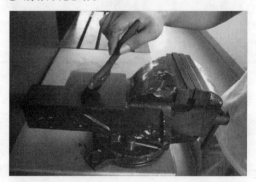

⑤ 清洁收集槽。

⑥ 清洁下架。

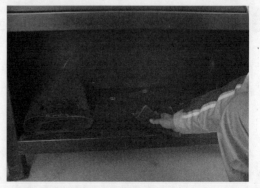

⑦ 整体检查。要求整个工作台干净,没有杂物。

(2)工作台高度的调节。

① 检查升降是否正常,工作台有无损坏。

② 根据自己身高调整到合适高度,一般以工作台面对准腹部上方位置为好。

(3)工作台的整理。

① 把工具、量具清洁整理整齐,放置在工作台工量具架内(中部)。

② 把工件清洁整理整齐,放置在工作台零件架内(下部)。

③ 两块清洁毛巾分别整齐折叠,在工作台的右下角摆放整齐。

④ 清洁机油壶,并将其摆放在工作台的右上角。

⑤ 工作台需定期维护,重点是丝杆、钢槽等位置。

任务2 汽车维修常用工具（扳手类）

一 任务说明

工具的使用离不开螺栓与螺母，正确认识螺栓和螺母的规格对合理选择工具以及提高工作效率都非常重要。

扳手类工具是汽修工作中最为常用的工具，因此，每位从事此项工作的人员都必须熟练掌握其正确使用方法并能正确选用。

1 应用

扳手是汽车修理中最常用的一种工具，主要用于旋动螺栓、螺母或带有螺纹的零件。如果扳手选用不当或使用不当，不但会造成工件和扳手本身的损坏，还会对人身造成安全隐患。因此，正确地选用和使用扳手，显得尤为重要。

2 扳手的分类

扳手的种类繁多，常见的有梅花扳手、开口扳手、组合扳手、活动扳手等。

3 扳手的选用原则

拆卸螺栓时的工具选用原则是，先选用套筒扳手，后选用梅花扳手，再选用开口扳手，最后选用活动扳手。

开口扳手

活动扳手

4 扳手的选择依据

（1）选用扳手时都要明确尺寸，扳手的尺寸就是它所拧动的螺栓、螺母正对面间的距离。

提示：

如扳手上标有"17"，即此扳手所能拆卸螺栓、螺母的对边距离为17mm。

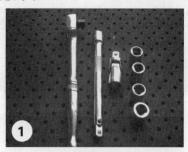

套筒扳手

梅花扳手

现在常见的工具都有公、英制两种尺寸单位，公制套筒用毫米（mm）标明，一套公制套筒的尺寸范围一般为6~32mm，以1 mm、2 mm或3 mm为一级。

英制套筒采用分数形式的英寸（in）来标明，一套英寸套筒的尺寸范围一般为1/4～1in，以1/16in为一级。

公英制之间的单位换算为：

1mm=0.03937in；

1cm=0.3937in。

提示：

一种单位系统的扳手不能旋动另一种单位系统的螺母或螺栓。

（2）扳手的选用还要依据紧固件的力矩，以及扳手是否容易接近螺栓螺母。

提示：

如拆卸油底壳放油螺栓时，需先用能承受较大力矩的扭力扳手；另外由于放油螺栓位置的关系，需要加上短接杆再进行操作。

二 实训时间 160min ★★★★

三 实训教学目标

（1）了解螺栓和螺母的规格；了解螺栓和螺母的分类；

（2）掌握汽车维修常用扳手类工具的选用原则；能够根据工作所需选择正确的工具；

（3）了解套筒的作用与分类；掌握套筒的结构与规格；了解扭力扳手、棘轮扳手的应用及分类；掌握扭力扳手、棘轮扳手的正确使用方法；了解汽修中最常用的几种套筒配套工具的结构特点及应用；

（4）掌握梅花、开口、活动、内六角这四种扳手的结构和应用特点以及正确的选用和使用方法。

四 实训器材

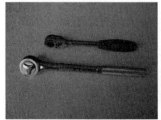

棘轮扳手（大号、中号）

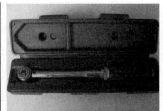

可调数字式扭力扳手（规格为0~25N·m）

短套筒（中号，10mm、14mm、17mm、19mm）

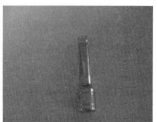

短接杆

转换接头

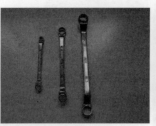
梅花扳手（10~12mm、14~17mm、19~22mm）

开口扳手（10~12mm、14~17mm、19~22mm）

活动扳手（中号）

内六角扳手一套

螺栓与螺母

两用扳手（24 mm、30 mm、36 mm）

毛巾两块

五 教学组织

❶ 教学组织形式

此实训教学任务为实训操作课，一名实训教师，22名学生，实验室共有多功能工作台11张，每张工作台左右两个工位，每个工位都装有工具训练模块，每个工位一名学生独立进行操作。

❷ 学生的站位分工和要求

每位学生按规定的工位站立，按教师的指令同时独立进行操作。

❸ 实训教师职责

确定每位学生的工位，组织好学生；讲解实训任务内容的操作步骤和提示事项，分析操作要领，并进行示范操作；组织学生进行操作；工位间巡视、检查、指导和纠正学生的操作错误；课堂总结；组织学生对实验室进行清洁整理。

❹ 学生职责

认真听取教师的讲解，观察教师的示范操作，独立完成相关的实训操作，进行独立思考和分析，提示操作的安全性，自我总结，并做好清洁整理工作。

六 操作步骤

▲（一）识别不同尺寸的螺栓螺母

1 利用工具判别并记录工作台上所有的螺栓尺寸。

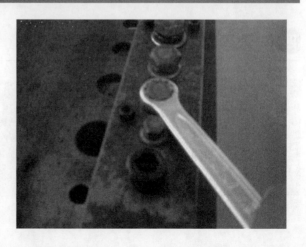

2 将所有的螺栓拆下，一一识别。

3 找寻与螺栓相配合的同种规格螺母，同时进行肉眼识记。

4 随意抽取螺栓与螺母，写下其规格。

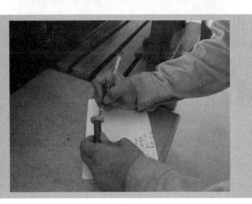

♣ （二）将指定的螺栓拧到规定的力矩

1 清洁螺栓安装孔。零件安装之前必须先对安装部位进行清洁。

3 在螺纹上加注机油。在螺纹上加注机油一般只需要一滴，用手将机油均匀涂抹。

2 对螺栓孔加注机油。在安装螺栓之前，给螺栓孔加注少量机油可起到润滑保护作用。

提示：

机油只需一到两滴即可。

4 安装螺栓。安装螺栓时，必须同时装配相应尺寸的垫圈，一般为平垫圈与弹簧垫圈，起到保护零件的作用。

任务 2 汽车维修常用工具（扳手类）

11

5 清洁双手。涂抹机油后,应用毛巾清洁双手。

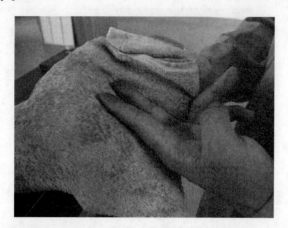

6 取出扭力扳手。

 提示:

(1)用双手取出扭力扳手时,规范的作业法:左手拿住扳手的左端,右手拿住右端。

(2)不可单手握在扭力扳手的杆身处。

7 清洁扭力扳手。用干净的毛巾清洁扭力扳手。

8 打开锁止机构。右手握在柄部,用左手开锁。

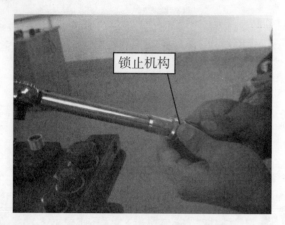

9 将数字式扭力扳手调到规定的力矩。可调式扭力扳手刻度的读取方法同外径千分尺,可参见任务11:外径千分尺。

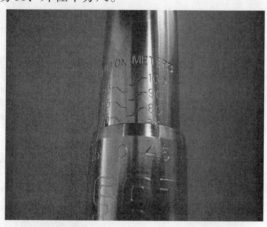

10 锁止。右手握住柄部,用左手旋转锁止。

11 选择套筒,连接套筒与扭力扳手。选择套筒时要考虑两个方面的因素:一是套筒的尺寸需与扭力扳手匹配;二是套筒的大小需与螺栓匹配。

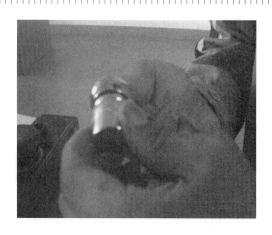

12 顺时针调节棘轮机构至拧紧状态。左手握紧套筒与扭力扳手的连接处,右手调节棘轮机构。

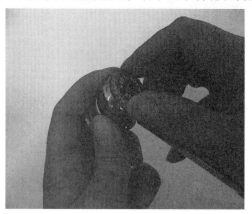

13 准备使用扭力扳手。站姿:弓步站姿。

提示:

站立时,身体应与工作台保持合适的距离,不要太近也不要太远。太近易使操作受到限制,太远了会使受力变小,甚至造成工具滑脱。

14 手势。右手握扭力扳手的手柄,左手按在锁紧头部,右手手臂与左手手臂成 90°~120° 角,往身边拉扳手手柄。

15 转动角度:最好一次拧到所需力矩,且角度不能超过120°。

提示:

(1)当听到"咔嗒"声时立即停止用力,表明已拧紧到设定的力矩。

(2)切勿在达到预置力矩后继续施加扭力,如继续施加扭力,不仅会对扳手造成损坏,还会使得力矩超出预设值而损坏螺母。

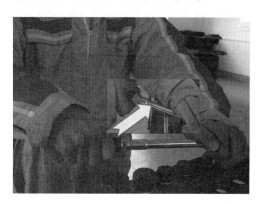

16 取下扭力扳手及套筒。右手大拇指按住头部,四指并拢握紧杆身,左手用力拔出套筒,将套筒暂放回工具架。

17 打开锁止装置。

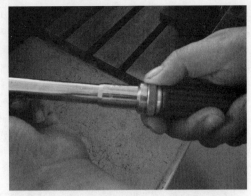

18 将扭力扳手调整至最小扭力值。

提示：

扭力扳手每次用完之后，必须调整回最小扭力值，使其不承受任何压力，以延长其使用寿命。

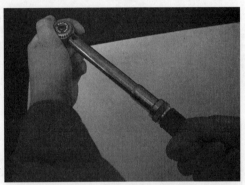

19 清洁扭力扳手与套筒，并将套筒放回工具架，扭力扳手放回盒子。

提示：

清洁套筒的工作部位。

20 清洁工作台面。用干净的毛巾清洁工作台面。

提示：

当用扭力扳手紧固一个平面上多个固定螺栓且力矩较大时，要注意拧紧顺序，一般的拧紧方法是从中间至两边且对角分多次拧紧，如安装发动机汽缸盖时。

（三）用棘轮扳手拆卸工作台面上的螺栓

1 清洁工作台（同前）；清洁套筒及棘轮扳手。

2 连接套筒与棘轮扳手。右手按下套筒锁止按钮，左手拿套筒接上，再松开锁止按钮，检查连接完好即可。

提示：

不同型号的棘轮扳手的连接方式各有不同。

3 采用弓步站姿，左手握棘轮扳手的手柄，右手握住套筒与扳手的连接处，往身边拉手柄，逆时针调整棘轮机构。

提示：

拆卸与装复手势一样，只需调整滑动手柄即可。

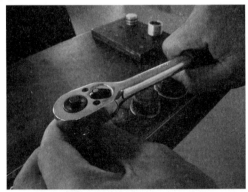

4 转动角度。不允许把棘轮扳手旋转360°，一般在30°~45°范围内摆动。

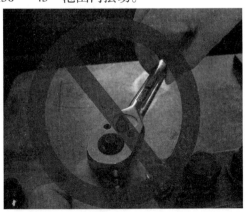

5 将棘轮扳手与套筒取下，并分开放回工具架。

用手按下锁止按钮，取出套筒，先放到工具架上。

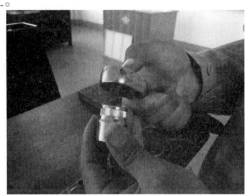

6 将棘轮扳手与套筒暂时放回工具架上。

提示：

棘轮扳手放置时要侧放，不要使锁止按钮或锁紧装置接触工作面，防止损坏棘轮扳手。

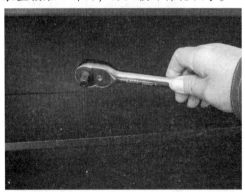

7 取下螺栓。

提示：

此时手上不允许拿工具。

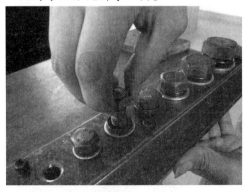

8 清洁螺栓、工作台；清洁棘轮扳手与套筒，放回工具架。

（四）拆装14mm规格的螺栓（要求必须使用转换接头）

1 选择所需工具（大号棘轮扳手、短接杆、转换接头、中号14mm套筒）。

2 清洁工具。

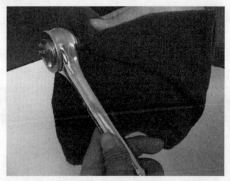

3 连接棘轮扳手、短接杆、转换接头和套筒。

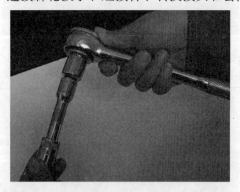

4 拧下14mm螺栓。

5 徒手拧紧螺栓。

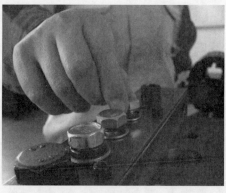

6 选择短接杆与套筒预紧螺栓。

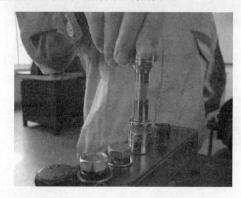

7 用梅花扳手最后拧紧。

8 清洁工具，将工具放回工具架。

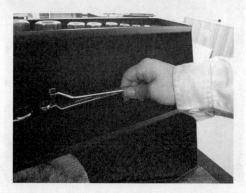

(五)采用梅花扳手拆卸五个螺栓

 用梅花扳手拆下左边的第一个螺栓。

(1)选取梅花扳手。选取与螺栓尺寸适合的梅花扳手。

提示:

如扳手上表示有14mm,即此扳手所能拆卸螺栓、螺母棱角正对面间的距离为14mm。扳手的选用还要依据紧固件的力矩,以及扳手是否容易接近螺栓螺母。

一定要确保扳手与螺栓尺寸及形状完全配合,否则,会因打滑造成螺栓损坏,甚至会造成人身伤害。

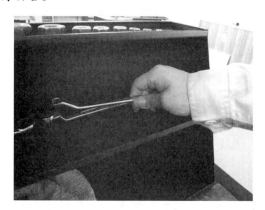

(2)清洁梅花扳手。用干净的毛巾清洁梅花扳手。

提示:

梅花扳手上面不能残留油渍,尤其内孔工作部位要干净,以免因打滑而造成人身伤害。

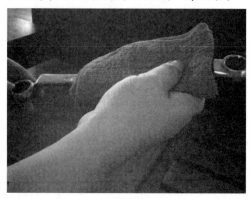

(3)采用弓步站姿。拆卸时,左手握在尾端施力,右手推住梅花扳手与螺栓连接处;装复时,则刚好相反,右手握在尾端施力,左手推住梅花扳手与螺栓连接处。

提示:

必须保持梅花扳手与螺栓完全配合,以防止滑脱。

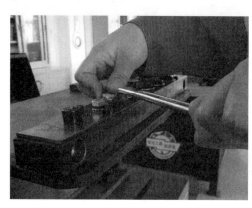

(4)转动角度。扳手转动30°~45°后,就可更换位置。

提示:

拆卸或装复螺栓时,梅花扳手不能连续转动360°,否则梅花扳手会滑脱造成人身伤害。

(5)将梅花扳手放回工具架。

当感觉螺栓已经比较松动时,可不用梅花扳手。

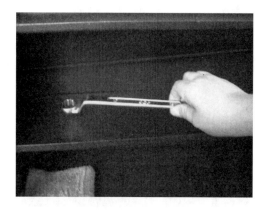

(6)拆下螺栓。螺栓安全松动后,可用手将螺栓拆下。

提示:

不能一手拿着工具,一手拆螺栓或其他零件。

(7)摆放螺栓。

提示:

螺栓要放在专门的零件摆放处,不可随意摆放。

(8)清洁梅花扳手。用干净的手巾清洁梅花扳手。

提示:

梅花扳手的工作部位要特别干净。

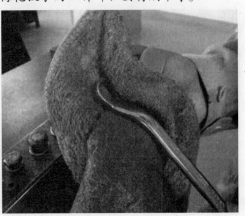

(9)清洁工作台(同前)。

2 用梅花扳手拆下从左至右的其余四个螺栓。用同样的操作方法将其余四个螺栓也拆卸下来。

提示:

(1)不同螺栓选择不同的扳手。
(2)清洁工作不能忽略。

3 训练拧紧扭力的"感觉"。

(1)使用扭力扳手,拧紧左边第三个螺栓到15N·m力矩。

(2)用梅花扳手将螺栓拧松。用梅花扳手拧松螺栓时,体会15N·m的力矩大小。

(3)以同样的方式用梅花扳手将其拧紧。尝试用梅花扳手拧到15N·m的力矩。

（4）重复多次操作，直至体会到如何用一个梅花扳手将螺母拧紧到与用扭力扳手相同的力矩。

（5）体验螺纹损坏的感觉。用尽可能大的力旋转螺栓至其丝扣损坏。将螺栓夹持在台虎钳上，用扳手将其扳裂。

体验各旋紧工具间扭力差别的感觉：使用各种扳手，用相同的力来旋紧螺栓；使用扭力扳手，测量被旋紧螺栓的力矩。

★（六）采用开口扳手装上工作台上的17mm螺栓

 清洁螺栓安装孔（同前）。

2 对螺栓孔加注机油（同前）。

3 对螺栓加注机油（同前）。

4 用手装上螺栓（同前）。

5 手部清洁（同前）。

6 选择合适的开口扳手。开口扳手要根据螺栓头部的尺寸，选择合适的型号。

必须确保扳手开口的尺寸与螺栓头部尺寸相符，配合无间隙。

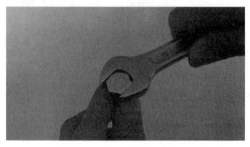

7 清洁开口扳手。用干净的手巾清洁开口扳手。

8 弓步站姿，放置开口扳手，必须保证开口扳手与工件在同一平面。

提示：

使用开口扳手时，放置的位置太高或只夹住螺栓头部的一小部分，这样会在紧固或拆卸过程中，造成打滑，从而损坏螺栓、螺母或扳手。

9 手势。安装时，左手推住开口扳手与螺栓连接处，并确保扳手与螺栓完全配合后，右手大拇指抵住扳头，另外四指握紧扳手柄部往身边拉扳。拆卸时，则刚好相反，右手推住开口扳手与螺栓连接处，并确保扳手与螺栓完全配合后，左手大拇指抵住扳头，另外四指握紧扳手柄部往身边拉扳。

将开口扳手套住螺栓或螺母六角的两个对向面，应确保扳手与螺栓完全配合后才能施力。

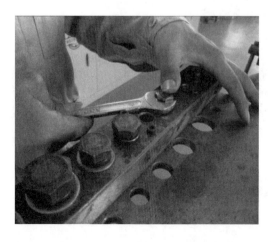

10 转动角度。当螺栓、螺母被扳转到极限位置后，将扳手取出，重复原先的过程，感觉到螺栓基本紧固即可。

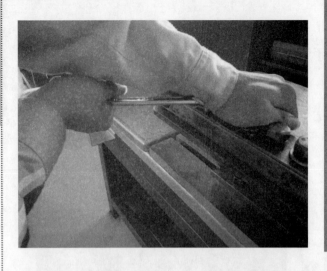

11 清洁开口扳手，把开口扳手放回工具架上。用毛巾清洁开口扳手。

 提示:

确保开口扳手的钳口干净清洁。

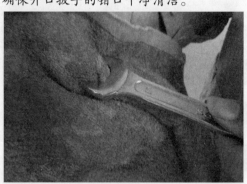

12 清洁工作台（同前）。

★ （七）用活动扳手装一颗螺栓

1 清洁螺栓安装孔（同前）。

2 对螺栓孔加注机油（同前）。

3 对螺栓加注机油（同前）。

4 用手装上螺栓（同前）。

5 手部清洁（同前）。

6 单手取出活动扳手。右手握在活动扳手的杆身，将其取出。

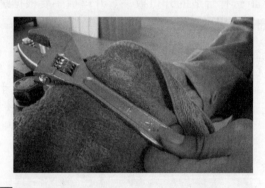

8 调整钳口大小。右手转动活动扳手的调节螺杆，使孔径与螺栓/螺母头部配合完好。

 提示:

（1）需多次调整以确保钳口大小与螺栓/螺母完全配合，可用手左右摆动一下扳手手柄，感觉钳口与螺栓/螺母没有间隙即可。

（2）要让活动扳手的可调钳口部分受推力作用，固定钳口受拉力作用，只有这样施力，才能保证螺栓、螺母及扳手本身不被损坏。

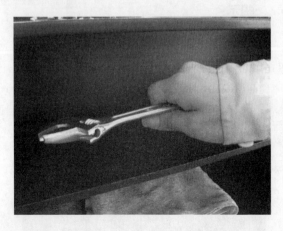

7 清洁活动扳手。用干净的毛巾清洁。

9 弓步站立,装复时右手握在活动扳手的杆身尾部,左手按在螺栓与扳手配合处施力。拆卸时左右手轮换一下,即左手握在活动扳手的杆身尾部,右手按在螺栓与扳手配合处,然后再施力。

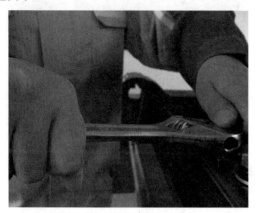

10 转动角度。当螺栓、螺母被扳转到极限位置后,将扳手取出。重复原先的过程,感觉到螺栓基本紧固即可。

 提示:

不能转动360°。

11 用毛巾清洁活动扳手,并将其放回工具架。

 提示:

钳口位置一定要清洁干净。

12 清洁工作台(同前)。

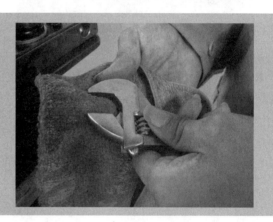

(八)采用内六角扳手拆卸工作台上的花形螺栓

1 清洁工作台面及零件(同前)。

2 取出内六角扳手。右手从工具架上取出整套内六角扳手。

 提示:

在使用内六角扳手时,应选取与螺栓内六方孔相适应的扳手,并且不允许使用任何加长装置,以免损坏螺栓或扳手。

3 选取内六角扳手。

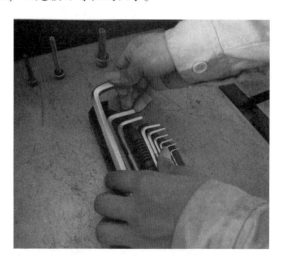

任务 2 汽车维修常用工具(扳手类)

弓步站立,开始拆卸时因螺栓处于紧固状态,可用L形扳手拆卸。左手持扳手长端,右手推住内六角扳手与螺栓连接处。装复时操作方法刚好相反。要保持内六角扳手与螺栓完全配合,防止滑脱。

提示:

L形扳手扳动30°~45°后,就可更换位置,不能旋转360°,否则易造成工具掉落,损坏工具。

 当螺栓已经有些松动时,可改为右手持内六角扳手的短端快速旋拧螺栓。

提示:

转动L形扳手的短端,可实现360°快速拆卸。

6 拆下零件。用手拆下螺栓,此时手不能拿工具。

7 将工具暂时放回工具架。当螺栓已基本松卸时,可放下工具,用手拆下螺栓。

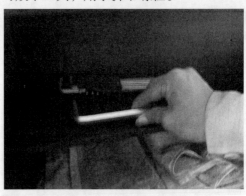

8 放置零件。零件拆下后,一定要归放于指定的地方,并且要有一定的次序,一般按从左到右的顺序摆放。

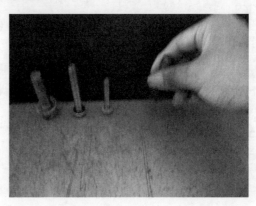

9 清洁工具、零件与工作台同前。

10 拆下小螺栓。用同样的操作方法拆下小螺栓。

提示:

(1)不同螺栓选择不同的扳手;
(2)注意清洁工作不能落下。

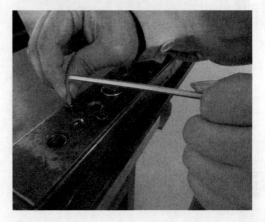

七 考核标准

汽修常用扳手类工具考核标准

编号	项 目	内 容		扣分内容	分值	得分
1	操作前的检查	工作服穿戴整齐（整队）； 工具检查(每件)； 工件检查（每个）		未检查一项扣0.5分,扣完为止	1分 2分 2分	
2	安全检查	清洁工件		未清洁一项扣0.5分,扣完为止	2分	
		现场安全检查		未检查一项扣0.5分,扣完为止	2分	
3	操作	螺栓规格识别	3个螺栓	识别错误一个（螺栓）扣2分,扣完为止	6分	
		用梅花扳手拆卸五个螺栓	清洁	清洁未做一次扣0.5分,扣完为止	2分	
			工具使用	工具使用错误一次扣1分,扣完为止	5分	
		用开口扳手装复其中一个螺栓	清洁	清洁未做一次扣0.5分,扣完为止	2分	
			工具使用	工具使用错误一次扣1分,扣完为止	5分	
		用活动扳手装复其中一个螺栓	清洁	清洁未做一次扣0.5分,扣完为止	2分	
			工具使用	工具使用错误一次扣1分,扣完为止	5分	
		用棘轮扳手装复其中一个螺栓	清洁	清洁未做一次扣0.5分,扣完为止	2分	
			工具使用	工具使用错误一次扣1分,扣完为止	5分	
		用扭力扳手装复所有螺栓	清洁	清洁未做一次扣0.5分,扣完为止	2分	
			工具使用	工具使用错误一次扣1分,扣完为止	5分	
		用内六角扳手拆装螺栓	清洁	清洁未做一次扣0.5分,扣完为止	2分	
			工具使用	工具使用错误一次扣1分,扣完为止	5分	
		用15N·m梅花扳手测试力矩	清洁	清洁未做一次扣0.5分,扣完为止	2分	
			工具使用	工具使用错误一次扣1分,扣完为止	5分	
4	整理	整理好工具； 整理好工件； 整理好工具台		未整理一项扣0.5分,扣完为止	6分	
5	考试时间	20min		超过1min倒扣1分,扣完为止,超过10min停止考试	5分	

任务 2 汽车维修常用工具（扳手类）

任务 3　汽车维修常用工具（钳类）

一　任务说明

钳类工具在汽车修理中的应用是非常广泛的，它的分类也很多。

在汽车修理中常用的有以下6种。

❶ 钢丝钳（又名老虎钳）

用来切断金属丝或夹持零件。

❷ 尖嘴钳

用在密封的空间里操作或夹紧小零件。

尖嘴钳的钳子是长而细的，使其适于在密封空间里使用。它有一个朝向颈部的刀片，可以切割细导线或从电线上去掉绝缘层。

在狭窄的空间中钢丝钳无法满足工作条件时，可用尖嘴钳代替。

切勿对钳子头部施加过大的压力，这样会使尖嘴钳的钳口尖部扩张成U字形，使其不能做精密工作。

❸ 鲤鱼钳

也称鱼嘴钳，主要用于夹持、弯曲和扭转工件的专用钳子。

鲤鱼钳的手柄一般较长，可通过改变支点上槽孔的位置，来调节钳口张开的程度。

 提示：

（1）改变支点上的孔的位置使钳口打开的程度可以调节，可用钳口夹紧或拉动，可在颈部切断细导线。

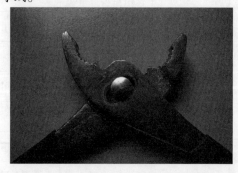

（2）在用钳子夹持零件前，须用防护布或其他防护罩遮盖零件，防止锯齿状钳口对零件造成伤害。

（3）在实际维修中，鲤鱼钳可用于散热器软管的拆卸和制动系统活塞复位、拆卸指定软管夹子等许多工作。

❹ 斜口钳

也称剪钳，主要用于切割细导线。

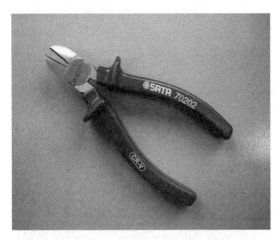

此种钳子的钳口全部加工成刃口，且尖部为圆形，所以不具备夹持零件的作用，只能用于切割金属丝或者导线。

由于斜口钳的结构特点，它可以剪切钢丝钳和尖嘴钳不能剪切的细线或线束中的导线。

 提示：

不能用于切割硬的或粗的金属丝，否则会损坏刃口。

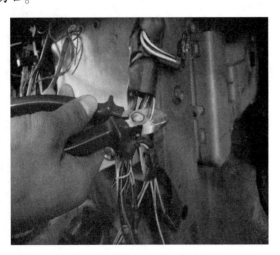

❺ 大力钳

主要用于夹紧工件，它有双杠杆作用，能通过钳爪给工件施加一个较大的夹紧力。

❻ 卡簧钳

它是专门用来拆卸和安装卡簧的工具。

 提示：

卡簧（或弹性挡圈）装在轴或孔的卡簧槽里，起定位或阻挡作用。

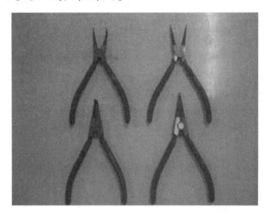

根据使用范围，卡簧钳分为轴用和孔用两种，这两种卡簧钳均有直嘴和弯嘴两种结构形式。

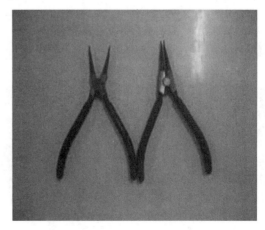

钳类工具在使用过程还需要提示以下3点：

（1）不可用钳子代替扳手来拧紧或拧松螺母、螺栓，以免损坏螺栓、螺母的棱角。

（2）不可把钳子当作锤子来使用，这样用会造成钳子本身的损坏。

（3）严禁拿钳柄当作撬棒使用，以防钳柄弯曲、折断或损坏。

二 实训时间 · 40min

三 实训教学目标

（1）了解钳类工具的应用及分类；
（2）掌握常用钳类工具的正确使用方法。

四 实训器材

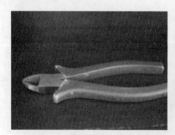

斜口钳

钢丝

尖嘴钳

14~17mm梅花扳手

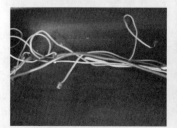

不同颜色导线

大力钳

钢丝钳

软管与软管卡箍

鲤鱼钳

内、外卡簧若干

内外卡簧钳
（直嘴、弯嘴式各一副）

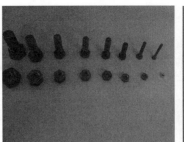
螺栓、螺母

棉絮等杂物

五 教学组织

1 教学组织形式

此实训教学任务为实训操作课，一名实训教师，22名学生，实验室共有多功能工作台11张，每张工作台左右两个工位，每个工位都装有工具训练模块，每个工位有一名学生独立进行操作。

2 学生的站位分工和要求

每位学生按规定的工位站立，按教师的指令同时独立进行操作。

3 实训教师职责

确定每位学生的工位，组织好学生；讲解实训任务内容的操作步骤和提示事项，分析操作的要领，并进行示范操作；组织学生进行操作；工位间巡视、检查、指导和纠正学生的操作错误；课堂总结；组织学生对实验室进行清洁整理。

4 学生职责

认真听取教师的讲解，观察教师的示范操作，独立完成相关的实训操作，进行独立思考和分析，提示操作的安全性，自我总结，并做好清洁整理工作。

任务3 汽车维修常用工具（钳类）

六 操作步骤

（一）使用活塞环拆装钳拆下活塞环的第一道气环

1 清洁钢丝钳。

2 单手取出钢丝。

提示：

手不要握在钢丝头部，防止手指被划破受伤。

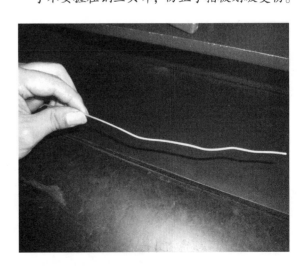

3 弓步站姿，右手握在钢丝钳的柄部，左手拿钢丝。

用手握住钳柄后端，使钳口开闭，钳口根部的刃口是用来切割细导线或从电线上去掉绝缘层。

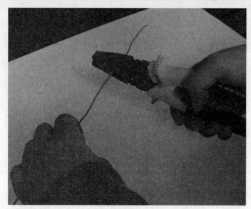

4 钢丝钳清洁完毕后，放回工具架。

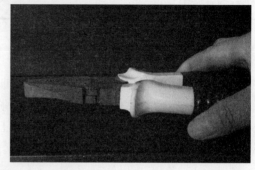

提示：

当钳子切断较硬的钢丝等物体时，禁止靠使用锤子击打钳子来增加切割力，这样会造成钳子本身的损坏。

5 将钢丝放到零件架上，然后清洁工作台。

（二）采用尖嘴钳取出工作台上小孔内的杂物

1 清洁尖嘴钳。

2 右手拿尖嘴钳，从孔内取出杂物。

3 清洁尖嘴钳，将其放回工具架。

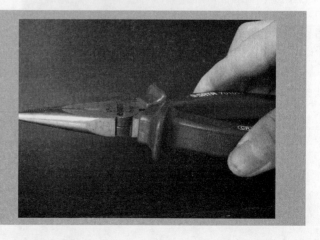

（三）采用鲤鱼钳刹开软管上的卡箍

1 清洁鲤鱼钳。

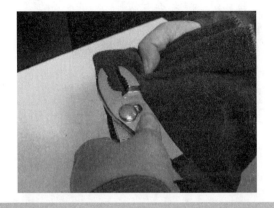

2 右手拿鲤鱼钳，用鲤鱼钳钳口对准卡箍，松开卡箍。

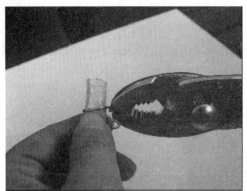

3 清洁鲤鱼钳放回工具架。

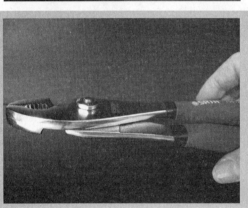

（四）采用斜口钳剪断绿色线束

1 清洁斜口钳。

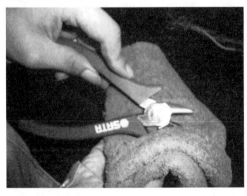

2 单手取出线束，稍做整理，使线束成为一捆。

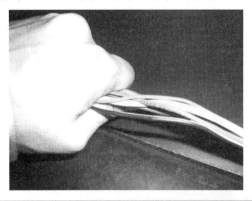

3 弓步站姿，右手握在斜口钳的柄部，左手拿线束。

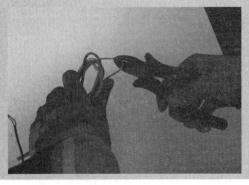

4 用斜口钳剪断线束中间的绿色导线。

5 清洁斜口钳,并将其放回工具架。

6 将线束放到工件架上。

7 清洁工作台(同前)。

★ (五)采用大力钳给工作台上指定的螺栓配上合适的螺母并装上

1 清洁工作台。

2 选取与螺栓相配合的螺母。

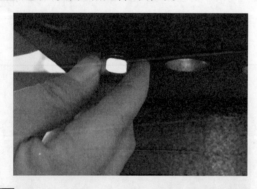

3 清洁大力钳。

4 清洁梅花扳手。

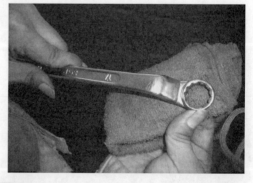

5 弓步站姿。

6 夹紧螺栓。

通过手柄末端的滚花螺钉来调节钳爪的开口尺寸,使之与螺栓对边完全接合,然后用力夹紧,当听到"咔"的声音时表示已夹紧。

 提示:

向外旋松调整螺钉可使钳口张开的尺寸增大,向里旋拧调整螺钉可使钳口张开的尺寸减小。

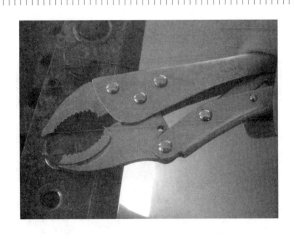

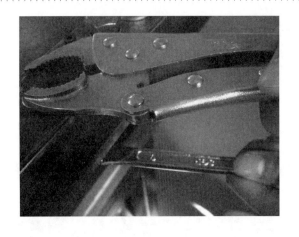

9 将梅花扳手放回工具架。

10 释放螺栓。当大力钳夹紧螺栓时,如果想释放夹持的螺栓,扳压一下释放手柄,在杠杆力的作用下,钳口将会释放。

7 用手装上螺母。

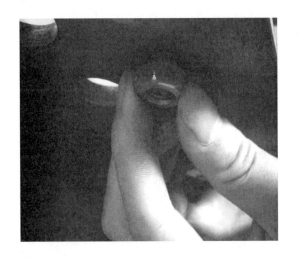

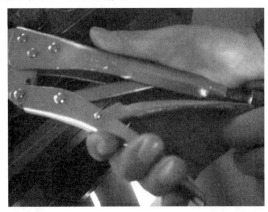

8 右手握紧大力钳,使其夹紧螺栓,左手用梅花扳手将螺母拧紧。

11 清洁大力钳、梅花扳手,并将它们放回工具架,然后清洁工作台。

(六)采用不同卡簧钳取下并装复工作台上的四个卡簧

1 清洁工作台。为保证卡簧钳和卡簧很好的配合,使用前要先清除轴上和孔内的油漆或脏物。

2 清洁卡簧钳。

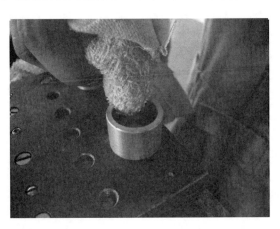

3 弓步站姿,右手握住卡簧钳的柄端,内外卡簧钳使用手势均一样。

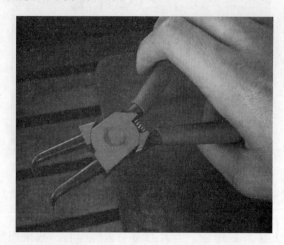

4 轴用卡簧钳可将卡簧胀开,以便将卡簧从轴上拆下。

孔用卡簧钳则是将卡簧收缩,以便将卡簧从轴孔内取出。

提示:

在拆装卡簧时,可先使用卡簧钳将卡簧旋转后再进行拆卸,避免因工件生锈增加操作难度。

5 取下卡簧,并将其放置于零件台上。

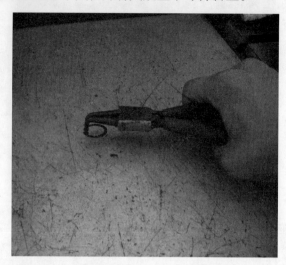

6 检查卡簧是否完好。

提示:

卡簧属于一次性使用的零件,拆下后就应将其更换掉。

7 将卡簧装回原位。

8 清洁卡簧钳,并清洁工作台。

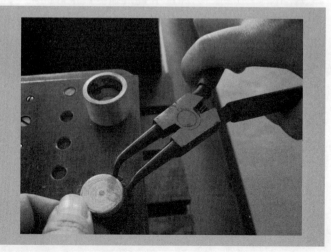

七、考核标准

汽修常用钳类工具考核标准

编号	项目	内容		扣分内容	分值	得分
1	操作前的检查	工作服穿戴整齐（整队）； 工具检查(每件)； 工件检查（每个）		未检查一项扣0.5分,扣完为止	1分 2分 2分	
2	安全检查	清洁工件		未清洁一项扣0.5分,扣完为止	2分	
		现场安全检查		未检查一项扣0.5分,扣完为止	2分	
3	操作	钢丝钳	清洁	清洁未做一次扣0.5分,扣完为止	2分	
			工具使用	工具使用错误一次扣1分,扣完为止	5分	
		尖嘴钳	清洁	清洁未做一次扣0.5分,扣完为止	2分	
			工具使用	工具使用错误一次扣1分,扣完为止	5分	
		鲤鱼钳	清洁	清洁未做一次扣0.5分,扣完为止	2分	
			工具使用	工具使用错误一次扣1分,扣完为止	5分	
		大力钳	清洁	清洁未做一次扣0.5分,扣完为止	2分	
			工具使用	工具使用错误一次扣1分,扣完为止	5分	
		剪钳	清洁	清洁未做一次扣0.5分,扣完为止	2分	
			工具使用	工具使用错误一次扣1分,扣完为止	5分	
		卡簧钳	清洁	清洁未做一次扣0.5分,扣完为止	2分	
			工具使用	工具使用错误一次扣1分,扣完为止	8分	
4	整理	整理好工具； 整理好工件； 整理好工具台		未整理一项扣0.5分,扣完为止	6分	
5	考试时间	20min		超过1min倒扣1分，扣完为止，超过10min停止考试	5分	

任务4 汽车维修常用工具（螺丝刀类）

一 任务说明

（一）应用

螺丝刀俗称改锥或起子，主要用于旋拧小力矩头部开有凹槽的螺栓或螺钉。

（二）螺丝刀的分类及选用

1 分类

螺丝刀的类型取决于本身的结构及尖部的形状，常用的有一字形螺丝刀、十字形螺丝刀。一字螺丝刀用于旋拧单个槽的螺钉，十字螺丝刀用于旋拧带十字槽头的螺钉或沉头螺钉。

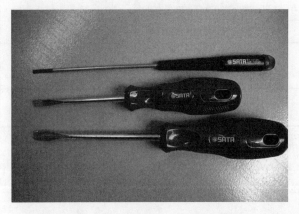

尖部形状相同的螺丝刀，但尺寸不完全一样。如十字螺丝刀，在汽车维修中经常用到的是头部尺寸是2号的螺丝刀。另外，也有比它大一点的3号螺丝刀，以及比它小一点的1号螺丝刀，甚至还有更小的微型螺丝刀。

2 选用

选用螺丝刀时，应首先保证螺丝刀头部的尺寸与螺钉的槽部形状完全配合。如果螺丝刀的头部太厚，则不能落入螺钉槽内，易损坏螺钉槽；如果螺丝刀的头部太薄，使用时头部容易扭曲。

 提示：

螺钉的槽口较宽大时的槽口，应选择宽度尺寸大的螺丝刀旋拧。

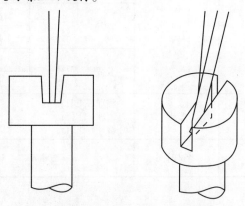

（三）特殊螺丝刀的选择及使用

虽然普通螺丝刀使用最为频繁，但以下型号的螺丝刀也在不同场合下得以使用。

1 通心螺丝刀

通心螺丝刀的金属杆贯穿整个手柄，可通过对尾部的捶击，达到对螺钉的冲击效果。

 提示：

只有通心式螺丝刀方可进行敲击，其他普通螺丝刀则不可以，否则会损坏普通螺丝刀。

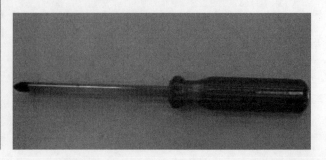

❷ 短柄螺丝刀

短柄螺丝刀主要用在有限的空间内拆卸并更换螺钉，如拆卸仪表板及发动机舱的狭窄位置的螺钉。

❸ 方柄螺丝刀

方柄螺丝刀主要用在需要大力矩旋拧的情况，可使用开口扳手进行辅助旋拧。

❹ 冲击螺丝刀

冲击螺丝刀也称锤击式加力螺丝刀。如果螺钉、螺栓生锈或拧得过紧，就需使用冲击螺丝刀，才能把它们旋动。冲击螺丝刀是根据内部结构原理实施瞬间冲击力以完成拆卸任务的。

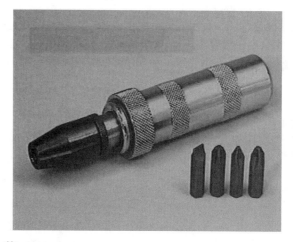

❺ 精密螺丝刀

精密螺丝刀是一种型号特别小的螺丝刀，主要用于电子设备的维修，可用于拆卸并更换精密零件。在汽车维修中，如汽车音响的维修等，就需要精密螺丝刀。

二、实训时间 40min

三、实训教学目标

（1）了解螺丝刀的应用及分类；
（2）掌握螺丝刀的正确使用方法。

四、实训器材

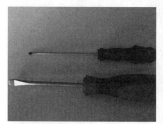

一字螺丝刀（大、小号各一把）

十字螺丝刀（大、小号各一把）

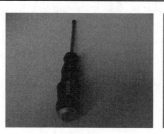

一字通心螺丝刀

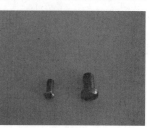

螺钉

五 教学组织

1 教学组织形式

此实训教学任务为实训操作课,一名实训教师,22名学生,实验室共有多功能工作台11张,每张工作台左右两个工位,每个工位都装有工具训练模块,每个工位一名学生独立进行操作。

2 学生的站位分工和要求

每位学生按规定的工位站立,按教师的指令同时独立进行操作。

3 实训教师职责

确定每位学生的工位,组织好学生;讲解实训任务内容的操作步骤和提示事项,分析操作的要领,并进行示范操作;组织学生进行操作;工位间巡视、检查、指导和纠正学生操作的错误;课堂总结;组织学生对实验室进行清洁整理。

4 学生职责

认真听取教师的讲解,观察教师的示范操作,独立完成相关的实训操作,进行独立思考和分析,提示操作的安全性,自我总结,并做好清洁整理工作。

六 操作步骤

(一)采用一字、十字螺丝刀拆装训练模块上的每一个螺钉

1 清洁工作台。

2 根据螺钉头部尺寸大小选择合适的螺丝刀。

提示:

选择时应以螺丝刀头部形状稍大于螺钉头部形状为宜,不能选择比螺钉头部尺寸过小的螺丝刀,以防零件受损。

(2)当螺钉松卸后可四指握紧旋动螺丝刀将螺钉拆下。

3 用螺丝刀旋下螺钉。

提示:

(1)使用螺丝刀时,在螺钉较紧时应将螺丝刀刀柄顶住右手掌心,右手四指顺势握紧螺丝刀;

4 旋下一个螺钉后，用同样的方法旋下其他几个螺钉。

⚠ **提示：**

螺钉应放置于零件规定位置。

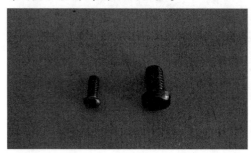

5 检查螺钉是否完好，更换已坏螺钉。

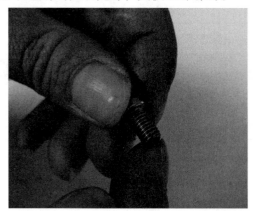

6 将检查完毕的螺钉装回原处。

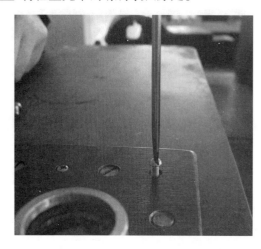

7 清洁工具。

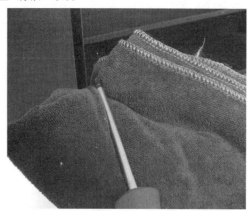

8 清洁工作台。

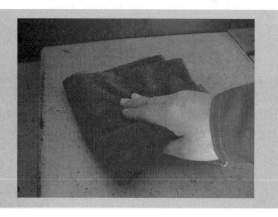

▲ **（二）采用通心螺丝刀将工作台上棱边已磨损的螺栓拆卸下来**

1 清洁工作台。

2 选择工具：选择可以进行敲击的通心螺丝刀。

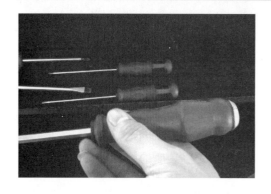

任务 4　汽车维修常用工具（螺丝刀类）

37

3 清洁通心螺丝刀。

4 弓步站姿,左手握在通心螺丝刀的柄部,右手拿锤子敲击。

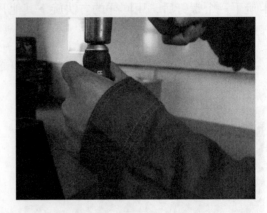

5 清洁螺丝刀,清洁工作台。

七 考核标准

汽修螺丝刀类常用工具考核标准

编号	项目	内容	扣分内容	分值	得分
1	操作前的检查	工作服穿戴整齐(整队); 工具检查(每件); 工件检查(每个)	未检查一项扣0.5分,扣完为止	1分 2分 2分	
2	安全检查	清洁工件	未清洁一项扣0.5分,扣完为止	2分	
		现场安全检查确认	未检查一项扣0.5分,扣完为止	2分	
3	操作	一字螺丝刀 工具的选择是否正确	错误一次扣2分,扣完为止	10分	
		一字螺丝刀 拆装姿势是否正确	错误一次扣1分,扣完为止	8分	
		十字螺丝刀 工具的选择是否正确	错误一次扣2分,扣完为止	10分	
		十字螺丝刀 拆装姿势是否正确	错误一次扣1分,扣完为止	8分	
4	整理	整理好工具; 整理好工件; 整理好工具台	未整理一项扣0.5分,扣完为止	6分	
5	考试时间	20min	超过1min倒扣1分,扣完为止,超过10min停止考试	5分	

任务5 其他汽车维修常用工具

一、任务说明

（一）锤子及其辅助工具

1 概述

锤子也称榔头或手锤，属于敲击类工具。主要用于捶击錾子、冲子等工具或用来敲击工件，使工件变形、位移、振动，从而达到校正、整形的目的。

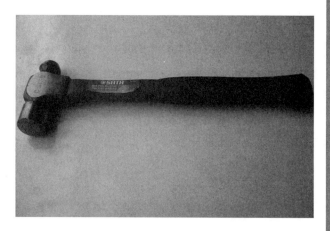

根据锤子头部形状可分有圆头锤、方锤、钣金锤等；按锤头材料可分为铁锤、木槌和橡胶锤等。

提示：

铁锤的规格一般用其质量表示，常用的有0.25kg、0.5kg和1kg等。

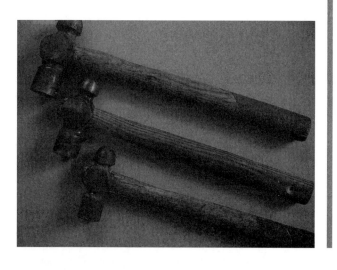

2 各类锤子的认知

（1）铁锤。铁锤锤头的材料多为碳素工具钢锻制而成，在汽车维修中主要用到的铁锤有：圆头锤、方锤、钣金锤等。

圆头锤是最常用的一种锤子，它一头为平头，另一头为圆头，平头是用来锤击冲子和錾子等工具的，而圆头是用于铆接和锤击垫片。

方锤又称大锤，制造材料为高碳钢，主要用于重型击打，在汽车维修中使用并不普遍。

钣金锤的头部为楔形，主要用于钣金整形或圆头锤不便接近的角落。

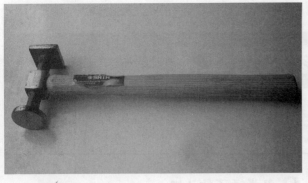

提示：

铁锤严禁直接锤击配合表面及易损部位，因为铁锤会损坏低硬度材料做成的部件，如：铝制外壳或缸盖等。

（2）软面锤（软头锤）。其主要用于击打不允许留下痕迹或易损坏的部位。根据头部使用的材料不同，软面锤可分为橡胶锤、塑料锤和木槌。有很多软面锤内部或中部为增加惯性装有铅或铜等金属。

提示：

软面锤主要应用在汽车装配过程中；用于装配时对零部件的敲击，从而使零件达到更好的配合。

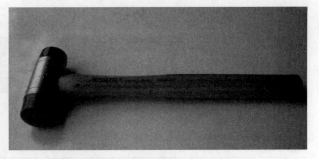

3 锤子的辅助工具铝棒（铜棒）

其用铝（铜）制成，因为铝（铜）为低硬度材料，在零件还没有变形前就已先变形。

用途：用于敲击不允许直接锤击的工件表面。

使用方法：使用时一般和锤子共用，一手握住铝棒（铜棒），将其一端置于工件表面，一手用锤锤击铝棒（铜棒）另一端，不得用力太大。

提示：

如果尖头变形，可用磨床研磨。

（二）拉拔器

拉拔器也称拉卸器或扒马，俗称扒子。主要用于汽车维修中静配合副和轴承部位的拆装，常见的拉拔器有两爪式和三爪式两种类型。

拉拔器的结构由拉臂和中心螺杆组成，螺杆前端加工为锥形，后端有供扳手拧动的六角。

提示：

三爪拉拔器的三根拉臂互为120°错开，两爪拉拔器的两根拉臂与螺杆在同一平面内。

使用拉拔器拆卸不会破坏其配合性质和工作表面，如拆卸曲轴皮带轮、齿轮之类零件应选用三爪拉拔器；拆卸轴承之类的零件最好使用两爪拉拔器。

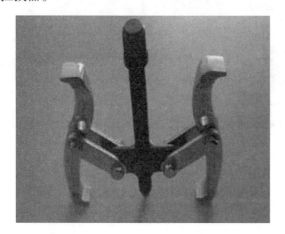

使用拉拔器时，还要视拆卸对象选用适合尺寸和拉力限制范围的拉拔器。

（三）滑脂枪

滑脂枪俗称黄油枪，是用来加注润滑脂的工具。其结构原理是，通过杠杆手柄反复压动，再通过内部的压油阀经出油嘴把润滑脂加注到需要润滑的部位。

（四）气动扳手

气动扳手是一种用于快速拆装螺栓或螺母的工具。根据所拆卸的螺栓力矩大小，所采用的气动工具也不相同。常见的气动扳手有冲击扳手（枪）和气动棘轮扳手两种。

气动扳手的使用方法及提示事项：

使用冲击扳手时，一定要握紧，站在一个安全舒适，并容易施力的位置。用手按动气源开关，在气压的作用下，使套筒带动螺栓自动旋拧。

气动工具使用的压缩空气的压力不能高于允许压力。

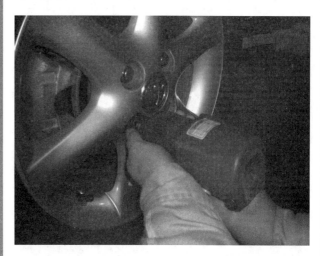

大多数冲击扳手都设有高低挡位，使用过程中一定要确认扭矩的大小，如果扭矩过大可能会将螺栓拧断。

使用气动工具紧固轮胎螺栓时，要先用手拧上部分螺纹后再使用最小功率挡紧固。

使用冲击扳手紧固完螺栓后，还要使用专用扭力扳手进行复查，以确保达到正常力矩。

气动工具在使用完毕后，应及时关闭空气源，并分离气动工具及空气源，收起供气管路。

提示：

现在很多维修车间，都采用气葫芦管路供气，使用相当方便。

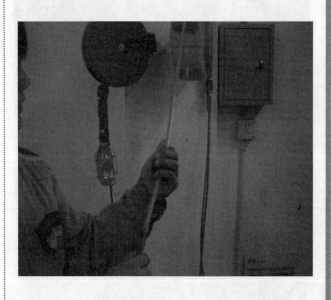

使用过程中还要定期对气动工具进行维护，加注专用气动工具油为冲击扳手进行润滑。并经常检查工具排气管的清洁，同时检查外形是否损坏。

提示：

使用所有高速旋转的电动或气动工具时，不许讲话，不许佩戴围巾、领带及手套，如果头发过长应戴安全帽，以避免卷入高速旋转工具中，造成严重的人身伤害。

（五）工具箱及工具车

工具使用完毕后一般要存放在工具箱或工具车中，特别是扳手、螺丝刀、钳子、锤子等易丢失的手工工具。

常见的工具箱多为手提式，适合于野外作业；而工具车能保存更多的工具，并能更好地分类存放，适用于维修车间。

现在常见的手提式工具箱有金属制和树脂制两大类，材料不同结构也有很大区别。树脂制工具箱不能盛放较重的工具，但质量小，便于整理，工具是否缺少，是否损坏，一目了然。

金属制工具箱多采用抽屉式、托盘式或翻斗式结构，长期使用也很难损坏，但质量很大，放在车内时容易损伤内饰。

工具车多数带有抽屉，工具车顶部设有工作台，操作时可在其工作台上临时放置工具，相当方便。

提示：

工具车顶部的工作台是临时放置工具用的，而非拆装零件用的。

有些多用途工具车的作用不是用来保存工具，而是用来把大量工具、零件或材料从供料区运送到工作区。

任务 5 其他汽车维修常用工具

二 实训时间 40min ★

三 实训教学目标

（1）了解其他汽修常用工具的应用及分类；
（2）掌握其他汽修常用工具的正确使用方法。

四 实训器材

二爪拉拔器

发电机转子总成

滑脂枪

润滑脂若干

小铲子

毛巾

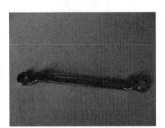
10~12mm梅花扳手

14~17mm梅花扳手

橡胶锤

一个新的轴承

五 教学组织

1 教学组织形式

此实训教学任务为实训操作课,一名实训教师,22名学生,实验室共有多功能工作台11张,每张工作台左右两个工位,无需安装任何模块,每个工位一名学生独立进行操作。

2 学生的站位分工和要求

每位学生按规定的工位站立,按教师的指令同时独立进行操作。

3 实训教师职责

确定每位学生的工位,组织好学生;讲解实训任务内容的操作步骤和提示事项,分析操作的要领,并进行示范操作;组织学生进行操作;工位间巡视、检查、指导和纠正学生操作的错误;课堂总结;组织学生对实验室进行清洁整理。

4 学生职责

认真听取教师的讲解,观察教师的示范操作,独立完成相关的实训操作,进行独立思考和分析,提示操作的安全性,自我总结,并做好清洁整理工作。

六 操作步骤

(一)采用拉拔器取出发电机转子轴上的轴承

1 将发电机转子轴固定于台虎钳上,轴承朝上。

提示:

发电机转子总成装夹于台虎钳上时,一定要做好保护措施,可用毛巾包裹,防止损坏发电机转子总成。

2 清洁拉拔器与转子轴承。

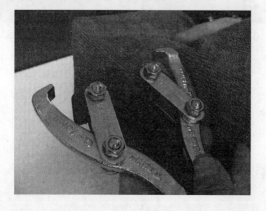

3 松开拉拔器拉臂上的四个调整螺母,使拉臂可以自由活动又不过度松旷。

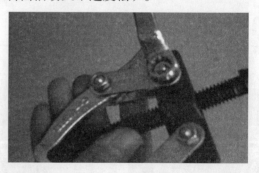

4 将拉拔器两侧的拉臂尖钩在其内套平面上,不能外撇;同时使拉拔器中心螺杆对准轴承中心。

提示:

摆放时两手要小心,配合到位;两个中心一定要对准,否则使用时无法施力,且拉臂极易滑出。

5 用手转动拉拔器至中心螺杆中心头部抵到轴承中心为止。

6 使用梅花扳手旋进中心螺杆。随着中心螺杆的旋入，拉臂上就会产生很大的拉力，直到把轴承拆下。

提示：

操作时，手柄转动要均匀，拉爪装夹要平衡，不要歪斜，不要硬拉。

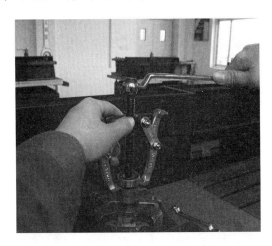

7 待到轴承松动时，先取下梅花扳手。

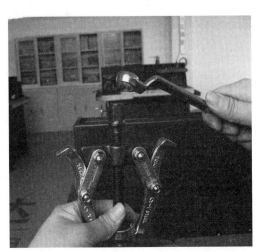

8 将拉拔器与轴承一起取下。

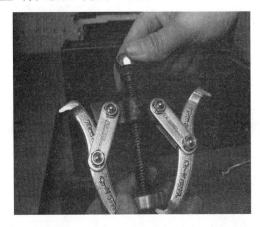

9 将轴承放到零件放置处。

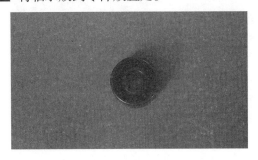

10 取下发电机转子。

11 清洁拉拔器。

提示：

尤其要将拉拔器拉臂两个爪钩清洁干净。

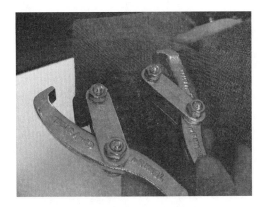

12 收拢拉拨器两个拉臂。

13 将拉拨器收拢后放入盒子。

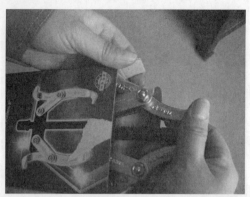

14 清洁整理工作台。

▲ （二）安装发电机转子总成上的轴承

1 将发电机总成装于台虎钳上。

2 取出新的轴承与橡胶锤子。

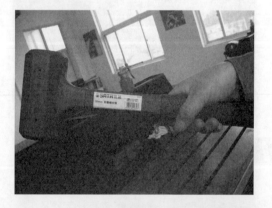

3 用橡胶锤子敲打轴承，左手拿住轴承，右手握在锤子手柄上用力敲，直至轴承装进为止。

提示：
一定要保证轴承垂直向下，不能发生偏斜。

4 清洁橡胶锤并放回工具架。

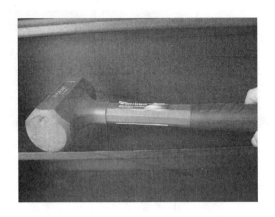

5 取下发电机转子总成,并将其放回零件架。

★ (三) 给滑脂枪加满润滑脂,并给零件加注润滑脂

1 取出滑脂枪,旋下枪筒。

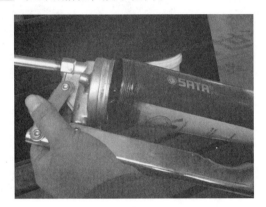

2 将后端拉杆拉到底为止。

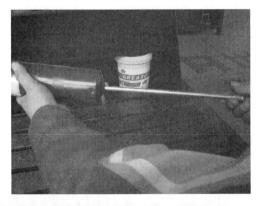

3 将滑脂枪枪筒与端盖暂时放于敲击垫板上。

4 取出润滑脂。

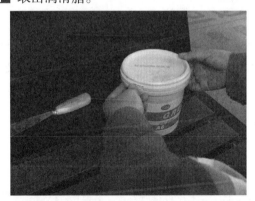

5 取出小铲子。

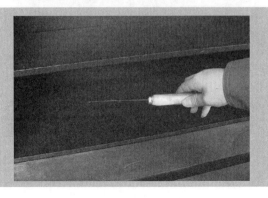

6 从前部将润滑脂装入枪筒内。

提示：

（1）往滑脂枪内装润滑脂时，应一小团一小团地装，油团相互之间要贴近，以避免将空气混入黄油中。

（2）枪筒的口应当放于润滑脂桶的上端，以免黄油掉到外面。

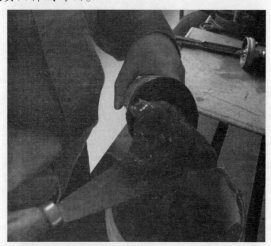

7 加满润滑脂后，拧上枪盖。

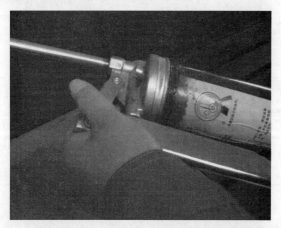

8 按下后端锁片。

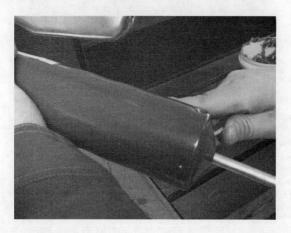

9 推入拉杆，一直推到底。

10 反复压动杠杆手柄，直至出油嘴能排出润滑脂。

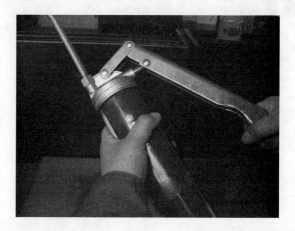

11 将出油嘴对准加油嘴，压动杠杆手柄，使润滑脂在压力的作用下进入润滑部位，直至新润滑脂将旧润滑脂挤出。

提示：

请勿使用含有杂质、泥沙或其他杂物的润滑脂，过于黏稠以及搁置很久已干的黄油最好也不要使用。

七 考核标准

其他汽修常用工具考核标准

编号	项　目	内　　容	扣　分　内　容	分值	得分
1	操作前的检查	工作服穿戴整齐（整队）； 工具检查（每件）； 工件检查（每个）	未检查一项扣0.5分,扣完为止	1分 2分 2分	
2	安全检查	清洁工件	未清洁一项扣0.5分,扣完为止	2分	
		现场安全检查确认	未检查一项扣0.5分,扣完为止	2分	
3	操作	拉拔器 — 工具的使用是否正确	错误一次扣2分，扣完为止	10分	
		拉拔器 — 能否正常取出轴承	出现一次错误扣1分，扣完为止	8分	
		橡胶锤子 — 工具的使用是否正确	错误一次扣2分，扣完为止	10分	
		橡胶锤子 — 能否正常装入轴承	出现一次错误扣1分，扣完为止	8分	
		滑脂枪 — 工具的使用是否正确	错误一次扣2分，扣完为止	10分	
		滑脂枪 — 能否正常加注黄油	出现一次错误扣1分，扣完为止	8分	
4	整理	整理好工具； 整理好工件； 整理好工具台	未整理一项扣0.5分,扣完为止	6分	
5	考试时间	20min	超过1min倒扣1分，扣完为止，超过10min停止考试	5分	

任务 5　其他汽车维修常用工具

任务 6　汽车维修常用专用工具

一、任务说明

（一）活塞环装卸钳

活塞环装卸钳，主要用于从活塞环槽中取出或装入活塞环。活塞环镶放在活塞环槽内，如果想取出或装入，必须克服活塞环的弹力，使活塞环内径要大于活塞直径，才能正常取出。

如果不使用活塞环拆装钳，而直接手工拆卸，很容易因为用力不均把活塞环折断，所以拆卸活塞环时必须采用专用拆装钳。

活塞环拆装钳通过特有钳口设计，刚好可以对准活塞环的缺口处。

（二）活塞环压缩器

如果想将活塞及活塞环装入汽缸，必须将活塞环包紧在活塞环槽内，因为活塞环本身具有弹性，其在自由状态下的外圆直径大于活塞直径及汽缸直径。

活塞环压缩工具，一般用钢带制成，另配有用高强度弹簧钢制成的棘轮带锁装置。活塞环压缩器的大小、型号有所不同，选用时要根据活塞的直径选择合适的压缩器。

（三）气门弹簧钳

气门弹簧钳是专门用于拆装气门的专用工具。发动机气门在安装时，气门弹簧处于预压缩状态，要想拆卸气门或气门锁片，必须对气门弹簧进行压缩。

气门弹簧钳的结构形式很多，如右图所示为最常见的类型。

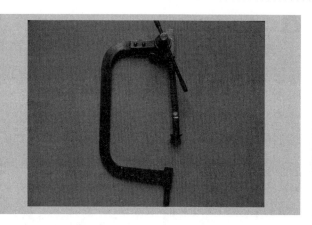

二 实训时间 80min ★★

三 实训教学目标

（1）掌握活塞环装卸钳的正确使用方法；
（2）掌握活塞环压缩器的正确使用方法；
（3）掌握气门弹簧钳的正确使用方法。

四 实训器材

活塞环装卸钳

一个活塞连杆组

活塞环压缩器、木槌一把

单汽缸

气门弹簧钳

配气机构中一部分装夹于专用夹具上

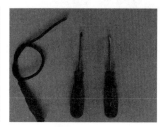
吸棒和有吸力的一字、十字螺丝刀

五 教学组织

1 教学组织形式

此实训教学任务为实训操作课，一名实训教师，22名学生，实验室共有多功能工作台11张，每张工作台左右两个工位，无须安装任何模块，每个工位一名学生独立进行操作。

2 学生的站位分工和要求

每位学生按规定的工位站立，按教师的指令同时独立进行操作。

任务 6 汽车维修常用专用工具

3 实训教师职责

确定每位学生的工位，组织好学生；讲解实训任务内容的操作步骤和提示事项，分析操作的要领，并进行示范操作；组织学生进行操作；工位间巡视、检查、指导和纠正学生的操作错误；课堂总结；组织学生对实验室进行清洁整理。

4 学生职责

认真听取教师的讲解，观察教师的示范操作，独立完成相关的实训操作，进行独立思考和分析，提示操作的安全性，自我总结，并做好清洁整理工作。

六 操作步骤

▲（一）使用活塞环拆装钳拆下活塞环的第一道气环

1 清洁零件。

2 在台虎钳上放一块布。

提示:

这块布起到保护零件的作用。

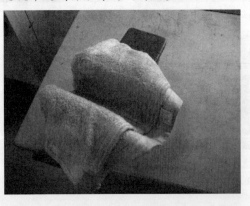

3 将活塞连杆放在台虎钳上，并用布垫在台虎钳与连杆之间。

4 台虎钳夹紧连杆，装夹部位为连杆处。

提示:

不要夹得太紧以防损坏连杆。

5 选用活塞环拆装钳并对其进行清洁。

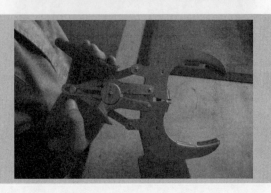

6 将活塞环卡到合适位置。

活塞环要与钳面紧贴,手柄要轻握;张开活塞环时,不可用力过猛,以防滑脱;同时张开开口不宜过大,以防折断。

7 取出活塞环,将其放置于敲击垫板上。

将环卡卡住活塞环开口间隙,轻握手柄慢慢收缩,在杠杆力的作用下,活塞环会逐渐张开,张开尺寸略大于其活塞直径时,便可将活塞环从环槽内取出。

8 清洁活塞环,用同样的方法将活塞环装回。

9 将活塞环放入活塞环钳。

提示:

钳口对准活塞环缺口处。

10 将第一道活塞环装入活塞头部,方法同拆卸时一样。

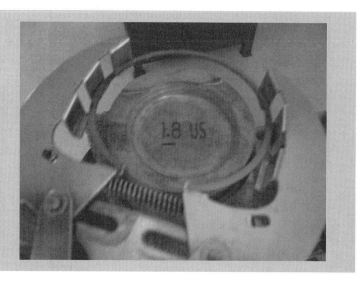

（二）采用活塞环压缩器将活塞连杆组装入汽缸

1 取出活塞环压缩器，对其进行清洁，暂时将其放在工作平台上。

2 将活塞连杆放入缸体。

活塞连杆放入时位置一定要对准。

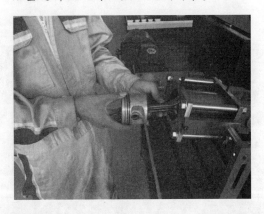

3 调整活塞环压缩器内径大小，一定要大于活塞头部直径，但也不宜过大。

4 手势：右手拿调整扳手，左手拿住活塞环压缩器。

步骤：

（1）调整时右手用扳手往内压缩一格。
（2）用左手大拇指按下锁止按钮。
（3）往外松开。

左手大拇指放在锁紧按钮上，其余四指则包围住压缩器圆柱体，千万不能放在前后两侧，以防受伤。

5 将活塞环压缩器放到活塞头部并拧紧。

6 用锤子轻轻敲打活塞环压缩器一周，使其与汽缸平面处于同一个平面位置。

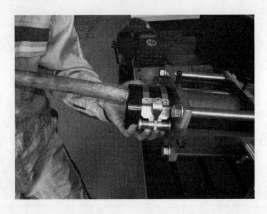

7 再次紧固活塞环压缩器。

8 用锤子木柄轻轻将活塞推入汽缸体内。

手势：右手拿锤子头部，左手握在活塞压缩器圆周上。

提示：

（1）左手不要放得过于靠里面贴近汽缸平面处，以免受伤。

（2）一边用榔头继续轻轻敲击活塞顶部，一边提示用手托住连杆大头，防止大头螺栓碰撞曲轴或划伤曲轴轴颈。

9 清洁活塞环压缩器，将活塞环压缩器压缩回正常内径，放回盒子。

10 清洁锤子，然后将其放回工具架。

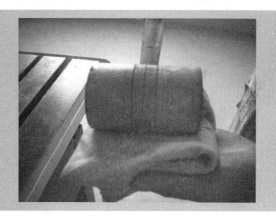

🌲（三）采用气门弹簧钳拆下一个气门弹簧

1 取出气门弹簧钳，并对其进行清洁。

2 将气门弹簧钳底部对准气门头，气门弹簧钳的环口对准气门弹簧座。

3 左手扶住气门弹簧钳，右手用力转动转杆往下压环口，使气门弹簧被压缩。

4 待压缩到锁片松动时，松开右手，气门弹簧钳自动锁住。

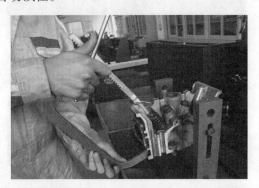

5 用吸棒吸出两个锁片。

6 松开转动转杆，拿下气门弹簧钳，将其暂放于工作台面上。

提示：

松开转动转杆时，需先往下压半格，待解除锁止后再放松，方法类似于活塞环压缩器松开时。

7 取下气门弹簧。

（四）将气门弹簧装回

1 用手将气门弹簧放回。

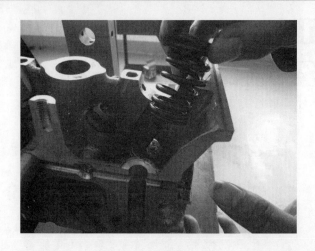

2 将气门弹簧钳放上,放置位置同拆卸气门弹簧时一样。底部对准气门头,环口对准气门弹簧座。

💡 提示:

此时气门弹簧处于不固定状态,易晃动,可先把弹簧往下压缩一定量。

3 左手扶住气门弹簧钳,右手转动转杆往下压环口,用力使气门弹簧压缩。

💡 提示:

压缩到能放入锁片时,锁住气门弹簧钳。

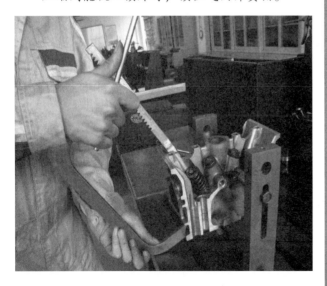

4 左手扶住气门弹簧钳,右手取锁片,先放入一片锁片,待位置固定后,放入另一片锁片。

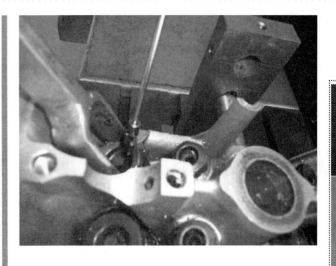

5 松开转动转杆,拿下气门弹簧钳,暂放于工作台面上。

松开转动转杆时,需先往下压半格,待解除锁止后再放松,方法类似于活塞环压缩器松开时。

6 取下气门弹簧钳。

7 清洁气门弹簧钳,放回工具架(同前)。

七 考核标准

汽修常用专用工具考核标准

编号	项 目	内 容		扣分内容	分值	得分
1	操作前的检查	工作服穿戴整齐（整队）； 工具检查(每件)； 工件检查（每个）		未检查一项扣0.5分,扣完为止	1分 2分 2分	
2	安全检查	清洁工件		未清洁一项扣0.5分,扣完为止	2分	
		现场安全检查确认		未检查一项扣0.5分,扣完为止	2分	
3	操作	活塞环钳	工具的使用是否正确	错误一次扣2分，扣完为止	10分	
			能否正常拆装活塞环	出现一次错误扣1分，扣完为止	8分	
		活塞环压缩器	工具的使用是否正确	错误一次扣2分，扣完为止	10分	
			能否正常安装活塞连杆组	出现一次错误扣1分，扣完为止	8分	
		气门弹簧	工具的使用是否正确	错误一次扣2分，扣完为止	10分	
			能否正常拆装气门弹簧	出现一次错误扣1分，扣完为止	8分	
4	整理	整理好工具； 整理好工件； 整理好工具台		未整理一项扣0.5分,扣完为止	6分	
5	考试时间	30min		超过1min倒扣1分，扣完为止，超过10min停止考试	5分	

任务7 汽车维修常用设备

一、任务说明

（一）千斤顶

千斤顶是顶举重物的轻小型起重设备。千斤顶以人力驱动为主，起重量范围大，顶举高度一般不超过400mm，广泛应用于设备检修和安装，是一种最常用、最简单的起重工具。汽车上常用的千斤顶按其工作原理可分为液压式、气压式和机械式三种，如图7-1所示。目前广泛使用的是液压式千斤顶，液压式千斤顶按其顶起质量分为3t、5t、10t等；按结构特征可分为齿条千斤顶、螺旋千斤顶和液压千斤顶3种。

a）卧式液压千斤顶

b）立式液压千斤顶

c）气动千斤顶

d）机械式千斤顶

图7-1 千斤顶的分类

以液压千斤顶为例，了解千斤顶的结构与工作原理。如图7-2所示，是液压千斤顶的结构示意图。

图7-3所示是液压千斤顶的工作原理图。大油缸9和大活塞8组成举升液压缸。杠杆手柄1、小油缸2、小活塞3、止回阀4和7组成手动液压泵。如提起手柄使小活塞向上移动，小活塞下端油腔容积增大，形成局部真空，这时止回阀4打开，通过吸油管5从油箱12中吸油；用力压下手柄，小活塞下移，小活塞下腔压力升高，止回阀4关闭，

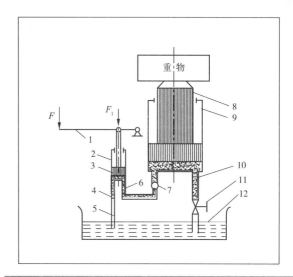

图7-2 液压千斤顶工作原理图

1-杠杆手柄；2-小油缸；3-小活塞；4、7-止回阀；5-吸油管；6、10-管道；8-大活塞；9-大油缸；11-截止阀；12-油箱

止回阀7打开，下腔的油液经管道6输入举升油缸9的下腔，迫使大活塞8向上移动，顶起重物。再次提起手柄吸油时，止回阀7自动关闭，使油液不能倒流，从而保证了重物不会自行下落。不断地往复扳动手柄，就能不断地把油液压入举升缸下腔，使重物逐渐地升起。如果打开截止阀11，举升缸下腔的油液通过管道10、截止阀11流回油箱，重物就向下移动。这就是液压千斤顶的工作原理。

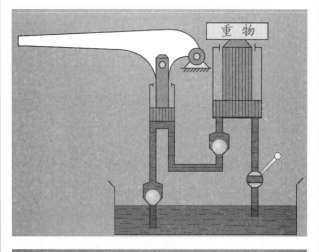

图7-3 液压千斤顶的工作原理图

千斤顶的使用注意事项有以下10个方面：

（1）千斤顶支车前，应用三角木将车轮塞好，以防汽车滑溜发生危险。

（2）起重时，地面要硬实可靠，千斤顶底座下应垫厚木板，不可垫石块或水泥板，以防碎裂发生危险。

（3）起重时，千斤顶的顶柱与被支顶的端面应保持垂直，以防滑脱发生危险。

（4）千斤顶举升后应将车架好，使支顶卸荷（可暂不撤去），才可在车下作业。放下时应慢慢旋松开关。

（5）千斤顶举起的工件未架好前，禁止用锤子击打，以免损坏千斤顶。

（6）千斤顶缺油时，应按规定添加液压油，不可用制动液或其他油液代替。

（7）汽车在被顶起或下降过程中，禁止在汽车下面进行作业。

（8）千斤顶不能用火烘热，以防皮碗、皮圈损坏。

（9）因千斤顶起重行程较小，使用时千万不要超过额定行程，以免损坏。

（10）要根据使用情况定期检查和维护。

（二）举升机

汽车举升机在汽车维修中能起到改善劳动条件，增大作业空间范围的作用。目前汽车维修企业有三种常用类型的举升机：板条型（包括剪式）、摆臂型、4-柱提升型。如图7-4所示。不同类型的举升机具有不同的升降功能，以及不同的支撑柱和支撑方法。

a）板条型

b）摆臂型

图7-4

c）4-柱提升型

图7-4 举升机的分类

不同的举升机在使用时有相应地使用注意事项，要严格按照使用手册进行操作。当需要进行举升作业时，一般要求把车辆置于举升机中心，把板和臂固定到使用手册所标示的位置上。如图7-5所示。

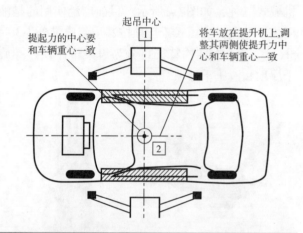

图7-5 举升机和车辆举升设置

举升机在上下（升降）时的注意事项有以下10个方面。

（1）在抬升和降下举升机前要先进行安全检查，并向其他人发出举升机即将启动的信号。

（2）一旦汽车轮胎稍离地，即要检查车辆支撑是否合适。

（3）将所有的行李从车上搬出，举升空车。

（4）检查一下车辆，除支撑部件外，没有其他部件在现场。

（5）切勿提升超过举升机提升极限的车辆。

（6）带有空气悬架的车辆因其结构关系需要特别处理。请参考使用手册说明。

（7）在提升车辆时切勿移动车辆。

（8）在拆除和更换大部件时要小心，因为汽车重心可能改变。

（9）切勿将车门打开提升车辆。

（10）如果在一段时间内未完成作业，则要把车放低一些。

二、实训时间 80min ★★

（1）千斤顶的使用：40min；
（2）举升机的使用：40min。

三、实训教学目标

（1）掌握千斤顶的作用、类型，液压千斤顶的结构组成与工作原理。了解千斤顶的使用注意事项；
（2）熟悉千斤顶正确的顶起位置，能正确地使用千斤顶进行车辆的顶起；
（3）了解举升机的作用、不同的类型及各自使用特点；
（4）熟悉轿车举升支撑的正确位置。能规范使用举升机进行车辆的升降操作。

四、实训器材

带剪式举升机的作业工位、丰田卡罗拉1.6AT轿车、车轮挡块4块、支撑垫块4块、立式液压千斤顶一只、多媒体教学设备一套。

支撑垫块

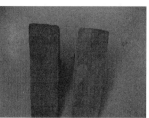
车轮挡块

带剪式举升机的作业工位与教学轿车

立式液压千斤顶

多媒体教学设备

五、教学组织

❶ 教学组织形式

此实训教学任务为实训操作课，1名实训教师，25名学生，上课地点在整车实验室。共有两套实训器材。学生分组，依次由1~2名学生进行操作。

❷ 学生的站位分工和要求

学生分成四组，每个作业工位安排两组学生，每位学生按规定的工位站立，严格按照教师的指令进行操作。

❸ 实训教师职责

确定每位学生的工位；讲解实训任务的操作步骤和相关的注意事项，并进行示范操作；组织学生进行操作；巡视、检查、指导和纠正学生操作中的错误；课堂总结；组织学生对实验室进行清洁整理。

❹ 学生职责

认真听取教师的讲解，做好课堂笔记，观察教师的示范操作，独立或协助完成实训任务，注意操作的规范性和安全性，自我总结，做好课后的清洁整理工作。

六 操作步骤

(一) 千斤顶的使用

1 将教学车辆停放在指定的工位上。

2 拉紧驻车制动器。

 提示:

一定要拉紧驻车制动器,以防车辆移动。

3 用车轮挡块前后挡住车轮。

 提示:

车轮挡块起到安全防护的作用,否则严禁起顶。

4 检查千斤顶。

检查千斤顶是否有漏油现象;检查千斤顶能举升的最大质量,估计物体质量,切勿超载使用。

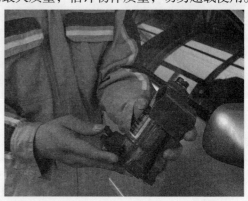

5 将液压千斤顶放置在需起顶的车辆下面比较平整坚硬的地方。

 提示:

千斤顶放置保持垂直状态,不要倾斜。

6 起重前先把手柄的开槽端套入回油阀杆,并将回油阀杆按顺时针方向旋紧。

7 手柄插入扳手孔内上下扳动，活塞杆即平稳上升顶起重物。由于千斤顶内有限位装置，上升到一定高度则不再上升。

提示：

起顶的时候要缓慢平稳；必须避免发生安全事故。

8 千斤顶快顶到车辆时，要再次检查千斤顶顶部凹槽是否对准车辆凸起位置。

提示：

千斤顶顶部一定要对准车辆的顶起位置，正确选择千斤顶的着力点，放置要平稳。

9 重物顶起到需要的高度后，立即在车架下面适当位置放上坚韧的安全支架（或垫木）支承，然后进行相关的作业（如拆换轮胎）。

提示：

（1）放上安全支架是为了防止万一千斤顶失灵而造成危险。

（2）千斤顶的顶起高度要足够，便于安全支架的撤除，但不易太高。

10 作业完成后，撤离安全支架，用手柄开槽端将回油阀杆按逆时针方向微微旋松，活塞杆即缓缓下降，使车辆平稳地坐落到地面。

提示：

回油阀杆旋转不能太快，否则下降速度过快将产生危险。

11 把千斤顶从车底下取出。

任务 7 汽车维修常用设备

12 把车轮挡块拿开,放回原位。

13 填写作业工单。

14 进行设备和场地的5S现场整理工作。

所有的器材及时放回原处,并整理好。对实验室进行清洁打扫。

▲ (二)举升机的使用

1 将车辆置于举升机工位。

(1)取出车内大件行李。

一定要拿出车内大件行李,以确保操作安全。

(2)车辆驶上举升工位。

驾驶车辆时,一定要由有驾驶证的工作人员操作,并确保学生和车辆安全。

(3)拉紧驻车制动器。

一定要拉紧驻车制动器,以防车辆移动。

安装举升机支撑垫块。

提示：

支撑垫块位置应对准车辆被支撑部位，不要太靠里侧或外侧。切勿将支撑垫块伸出板外。

 发出举升机准备举升的信号。同学甲站在举升机操作台前，高声发出举升信号："请注意，举升机准备上升！"

提示：

喊声要响亮，环视四周，并聆听配合者的应答。

4 发出举升机可以举升信号。

同学乙在听到同学甲发出举升机准备举升信号，用眼睛环顾车辆周围，仔细检查，在确认没有影响举升安全的物体或人的情况下，目视举升者（向同学甲）喊出："车辆周围无障碍物，可以举升！"

 举起车辆使车轮即将离开地面。

将电路、气路开关闭合；按住举升机控制台上的"上升"按钮，将车辆举升至车轮即将离开地面的状态，松开"上升"按钮。

提示：

车轮离开地面可能存在安全隐患。

6 再次检查举升机支撑垫块安装情况。

蹲下，仔细确认支撑垫块是否对准车辆被支撑部位。支撑垫块不允许歪斜。如果支撑垫块位置不正确，必须降下举升机重新安放。

 检查车辆支撑牢固情况。甲乙分别在前后保险杠或翼子板处采用下压方式检查车辆支撑是否牢靠。

提示：

（1）不允许按压发动机舱盖等易变形处。
（2）按压时的力量要适中。
（3）对于剪式举升机，此检查可以省略。

8 再次发出举升机准备举升信号,进行举升安全检查。

两个同学配合完成该项工作,每位同学操作的技术要求同步骤3和步骤4。

9 按住举升机上升按钮,举起车辆。

(1)操作者眼睛要始终观察举升机周围和车辆本身的情况,遇到安全隐患应及时停止举升作业。

(2)在车辆举升的全过程中,不允许在车辆周围或下部进行任何其他作业。

(3)对于剪式举升机,要时刻注意两侧起升是否同步,如不同步,应停机检查。

10 车辆举到适宜高度后,将举升机安全锁止。

待被举升车辆被举升到适宜的作业高度(作业位置)后,放开举升机控制柜上的"上升"按钮,并按下举升机控制柜上的"锁定"按钮;确认举升机安全锁止后,发出"举升机锁止安全,可以作业!"的指令,然后开始相应作业任务的作业。

(1)在车辆整个举升过程中,操作人员要始终注意观察举升机周围及被举升车辆的情况,遇到安全隐患应立即停止举升作业。

(2)切勿超出举升机最大举升高度,否则容易损坏举升机。

11 完成车辆作业工作任务,发出准备降下举升机信号。

在完成车辆相关作业后,同学甲高声发出"请注意,举升机准备下降!"的提示信息。

声音要响亮,要环视举升工位周围,并聆听配合者的应答。

发出举升机可以下降信号。

同学乙在听到同学甲"请注意！举升机准备下降"的提示信息后，站在车辆另一侧，目视检查车辆周围，确认车辆周围没有影响车辆安全下降的障碍物后，目视举升机操作者高声发出"车辆周围无障碍物，可以下降！"的回应信息。

提示：

一定要进行车辆周围是否有障碍物的检查。检查完毕后一定要高声发出回应信息。

 将车辆下降到相应作业位置或完全降下。

解除举升机锁止，按住举升机控制柜上的"下降"按钮。将车辆下降到相应的作业高度位置或完全降下后锁止。如果是作业完毕需要将车辆完全降下，一定要使举升机板条回到最低位置，车轮完全着地为止。

提示：

（1）在车辆下降的过程中，操作人员要始终注意观察举升机周围和车辆的情况，发现安全隐患应立即停止作业。

（2）在车辆下降的过程中，不允许在车辆下部或车辆周围进行任何其他作业。

（3）对于剪式举升机，要时刻注意两侧下降是否同步，如不同步，应停机检查。

14 取出举升机支撑垫块并放回原位，关闭举升机电源开关。

15 填写作业工单。

 提示：

填写作业工单时，字迹要工整。作业任务填写完整。工单填写完毕一定要复查。

16 进行设备和场地的5S现场整理工作。

车身上凡是作业过程中动过的部位均应用干净抹布清洁。地面必须用拖把清洁。举升机控制柜必须清洁。所有废弃物必须分类丢弃。所有物品必须归位。

 提示：

不要用潮湿的抹布清洁电器开关、按钮等。

七 考核标准

（千斤顶的使用）考核标准

考核时间	序号	项 目	配分	评分标准	得分
15min	1	着装规范	5	酌情扣分	
	2	检查设备、工具是否齐全完好	5	未检查扣2分	
	3	车辆停放到指定工位	5	未清洁扣2分，清洁不完扣1分	
	4	拉紧驻车制动器。	5	未清洁扣2分，清洁不完扣1分	
	5	把车轮挡块正确放置好	5	未清洁扣2分，清洁不完扣1分	
	6	检查千斤顶	5	未清洁扣2分，清洁不完扣1分	
	7	把千斤顶正确放置在车辆下方	5	未清洁扣2分，清洁不完扣1分	
	8	将千斤顶回油阀杆旋紧	5	未检查扣2分	
	9	举升千斤顶	5	未检查扣2分	
	10	再次检查千斤顶的顶住位置是否正确	6	未检查扣2分	
	11	放置安全支架	5	未检查扣2分	
	12	撤离安全支架	5	未检查扣2分	
	13	将千斤顶回油阀杆旋松	6	每安装错误一次扣1分，扣完为止	
	14	使车辆落回原处	4	安装不熟练扣3分	
	15	撤离千斤顶	4	垫片安装错误每次扣1分	
	16	撤离车轮挡块	5	未调整扣2分，调整未到位扣1分	
	17	填写工单	6	字迹不工整扣2分；填写不完整扣2分；填写后不复查扣2分	
	18	进行设备和场地的"5S"现场整理工作	4	未清洁整理扣4分	
	19	安全操作	10	零件有跌落扣2分/次，量具有损坏扣2分/次，扣完为止	
	20	其他		每超时1min扣2分，超时5min终止考试	
	21	因违规操作造成人身和设备事故的，总分按0分计			
		分数合计	100		

（举升机的使用）考核标准

考核时间	序号	项目	配分	评分标准	得分
20min	1	着装规范	2	工作服未穿戴扣2分	
	2	检查设备、工具是否齐全完好	2	未检查扣2分	
	3	取出车内大件行李	4	未取出扣4分	
	4	车辆驶上举升工位	4	未到指定位置扣4分	
	5	拉紧驻车制动器	4	未拉紧扣4分	
	6	安装举升机支撑垫块	4	位置不正确扣4分	
	7	发出举升机准备举升的信号	6	未发出准备信号扣4分，声音不洪亮扣2分	
	8	发出举升机可以举升信号（由配合人员完成）	6	未发出准备信号扣4分，声音不洪亮扣2分	
	9	按上升按钮，举起车辆使车轮即将离开地面	4	操作不到位扣4分	
	10	再次检查举升机支撑垫块安装情况	4	未检查扣4分	
	11	检查车辆支撑牢固情况（可由配合人员共同完成）	4	位置不对扣2分，按压时力度不适量扣2分	
	12	再次发出举升机准备举升信号	6	未发出准备信号扣4分，声音不洪亮扣2分	
	13	按举升机上升按钮，举起车辆	4	操作不当扣4分	
	14	举到适宜高度后，举升机锁止	4	未锁止扣4分	
	15	完成车辆作业工作任务，发出准备降下举升机信号	6	未发出准备信号扣4分，声音不洪亮扣2分	
	16	发出举升机可以下降信号（由配合人员完成）	6	未发出准备信号扣4分，声音不洪亮扣2分	
	17	按举升机控制柜下降按钮，降下车辆至相应高度	4	操作不当扣4分	
	18	降下举升机，轮胎完全着地	4	操作不当扣2分	
	19	取出举升机支撑垫块并放回原位，关闭举升机电源开关	4	未操作扣4分	
	20	填写工单	6	填写不完整扣4分；填写后不复查扣2分	
		进行5S现场整理工作	4	未清洁整理扣4分	
	21	安全操作	4	零件跌落扣2分/次，量具损坏扣2分/次，扣完为止	
	22	其他		每超时1min扣2分，超时5min终止考试	
	23	因违规操作造成人身和设备事故的，总分按0分计			
	分数合计		100		

任务 7 汽车维修常用设备

任务8 钢直尺与钢卷尺

一、任务说明

1 钢直尺

钢直尺是最基本的测量工具,如图8-1所示。它一般用于精度要求不高的测量,可以直接测量出工件的尺寸。钢直尺一般是用钢材或不锈钢材打造而成,长度分为150mm、200mm、300mm、500 mm等,测量精度为1 mm或0.5mm(提示:在所有的测量工具中,钢直尺的精确度最差)。汽修厂多使用长度为150mm和300mm的钢直尺。

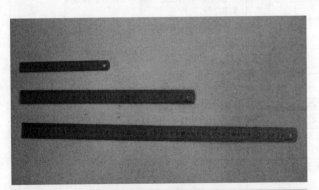

图8-1 钢直尺

钢直尺容易生锈,在使用后一般应涂上一层凡士林或机油。有悬挂孔的钢直尺,使用后悬挂起来,使其自然下垂。如果没有悬挂孔,则将钢直尺擦净后平放在平板、平台或平尺上,防止其受压变形。存放地点应选择温度低和湿度均低的地方,注意避免在高温或潮湿的场所从事测量及保养作业。

钢直尺在汽车维修中应用广泛,如图8-2所示。

2 钢卷尺

钢卷尺(见图8-3)通常用来测量长度超过1m的零部件。钢卷尺按其结构可分为自卷式与自动式两种。

钢卷尺由一条薄的富有弹性的钢带制成。钢卷尺头带有钩子,这是为了方便测量较长的距离时固定0点位置用的,即利用钩子来决定0点位置。外壳材料采用塑料或铁,其整条钢带上刻有长度标志。一般来讲,钢卷尺的刻度单位与钢直尺刻度单位相同。钢带两边最小刻度为毫米,总长度有2m、3m、5m、10m、15m等类型。

a) 制动摩擦片厚度的检测　　b) 转向盘自由行程的检测

c) 制动踏板自由行程的测量　　d) 离合器踏板自由行程的测量

e) 测量汽缸盖的长度　　f) 测量制动器衬片厚度

图8-2 钢直尺的应用

图8-3 钢卷尺

钢卷尺在汽车维修中应用广泛，如图8-4所示。

a）测量汽车的轮距

b）测量汽车的轮距

图8-4 钢卷尺的应用

二 实训时间 40min

三 实训教学目标

（1）熟悉钢直尺的作用、规格、材料、刻度单位和存放方法；
（2）掌握钢直尺的正确使用和正确的读数；
（3）了解钢卷尺的作用、分类、刻度单位和结构特点；
（4）掌握钢卷尺的正确使用和正确的读数。

四 实训器材

钢直尺（量程0~150 mm）

制动摩擦片

工件

砂布

钢卷尺（量程0~3m）

工作台

五 教学组织

1 教学组织形式

此实训教学任务为实训操作课,1名实训教师,22名学生,实验室共有11张多功能工作台,每张工作台左右2个工位,每个工位都单独配有所需的整套实训器材,每个工位1名学生独立进行操作。实验室配有多媒体投影设备。

2 学生的站位分工和要求

学生按规定的工位站立在工作台的两侧,按教师的指令同时独立进行操作。

3 实训教师职责

确定每位学生的工位;充分利用多媒体设备讲解实训任务的操作步骤和相关的注意事项,并进行示范操作;组织学生进行操作;巡视、检查、指导和纠正学生操作中的错误;课堂总结;组织学生对实验室进行清洁整理。

4 学生职责

认真听取教师的讲解,做好课堂笔记,观察教师的示范操作,独立完成实训任务,注意操作的规范性和安全性,自我总结,做好课后的清洁整理工作。

六 操作步骤

▲ 第一步 清 洁

1 清洁工作台(同前)。

2 清洁工件。用一块干净的毛巾清洁圆柱体,上下左右前后内外全面清洁。

工件轻拿轻放;清洁后工件放回零件架内。

3 清洁制动摩擦片。先用手拿起制动摩擦片,然后用砂布清洁制动摩擦片,清除制动摩擦片表面的污垢,方便下面的检查。

在清洁制动摩擦片过程中,手不可以接触到制动摩擦片的表面;制动摩擦片经清洁后放回零件架内。

4 清洁钢直尺。用另一块干净的毛巾将钢直尺片全面擦拭干净,然后将其放回工量具架内。

不能在钢直尺沾有油污的情况下进行测量,否则,会直接影响测量结果的准确性。清洁时,量具要轻拿轻放。

清洁钢卷尺。把钢卷尺轻轻地拉出，观察尺面有无污渍或锈痕，若有则用干净的毛巾把尺面擦拭干净。

提示：

进行清洁时要用手拉住钢卷尺的头部拉钩，或两人协助完成，以防止尺带突然收回而伤人。

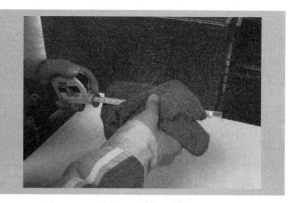

第二步 检 查

1 检查钢直尺。使用钢直尺前应先检查钢直尺各部位有无损伤，不允许有影响使用性能的外观缺陷，如碰弯、划痕、刻度断线或看不清刻度线等。

 提示：

（1）对自卷式和自动式卷尺来说，拉出和收卷尺时，应轻便、灵活、无卡滞现象；制动时卷尺的按钮装置应能有效地控制尺带收卷，不得有阻滞失灵现象。

（2）尺带表面不得有明显的锈痕、斑点、划痕，且线纹应清晰。尺带只能卷不能折。

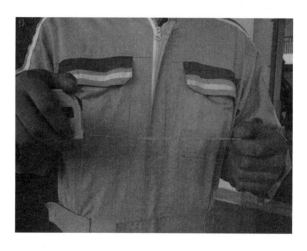

2 检查钢卷尺。使用前首先要检查卷尺的各个部位。

第三步 测量圆柱体

 测量圆柱体的高度

（1）拿取钢直尺。用右手拿取钢直尺的中部位置，使mm（毫米）单位面朝上。

提示：

拿取的时候要注意观察钢直尺两面的测量单位和测量精度。

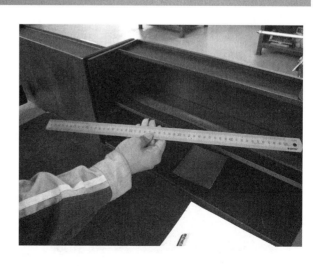

（2）测量时，要以钢直尺端边的"0"刻线作为测量基准，这样，在测量时不仅容易找到测量基准，而且便于读数和计数。

 提示：

①测量时钢直尺要放平、放正，刻度面朝上、朝外，不得前后左右歪斜，否则，从尺上读得的数比被测得实际尺寸大。

②操作读数时必须要保证直尺与圆柱体中心轴线平行，零刻度线对准圆柱体的边缘，并且紧密接触，目测时视线必须与尺面相垂直，即平视读取数据，以免读数产生误差；视线要通过被测平面，否则读出的数也不是被测件的实际尺寸。

（3）读取数据，注意根据测量精度确定有效数值。

 提示：

读取数据后，把钢直尺放回工量具架内。

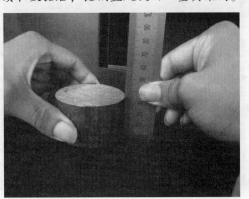

（4）记录数据，注意测量精度和长度单位。

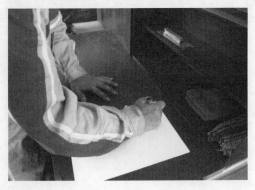

2 测量圆柱体的直径

（1）拿取钢直尺，注意事项同前。

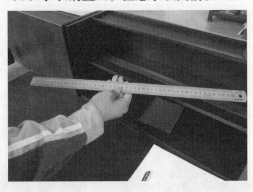

（2）以钢直尺端边的"0"刻线作为测量基准，为了稳妥，最好用拇指贴靠在工件上，钢直尺的端边要与被测面的边缘相切。左右摆动钢直尺找出所测尺寸。

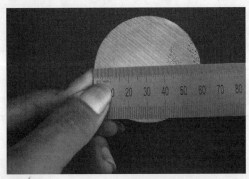

 提示：

①用钢直尺测量圆柱形的截面直径时，钢直尺的端边要与被测面的边缘相切，然后左右摆动钢直尺找出最大尺寸，即为所测直径尺寸。

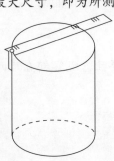

② 测量时钢直尺要放平、放正，读数时视线必须与尺面相垂直，根据测量精度读取数据。

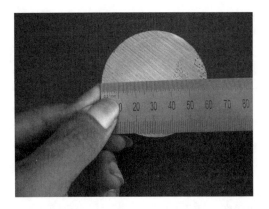

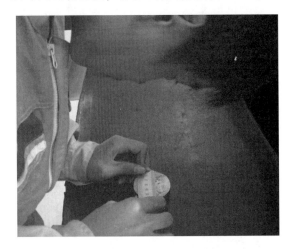

④ 记录数据，注意测量精度，正确写上单位。

③ 读取数据，注意根据测量精度确定有效数值。

读取数据后，把钢直尺放回工量具架内。

第四步　测量制动摩擦片的厚度

 拿取钢直尺（注意事项同上）。

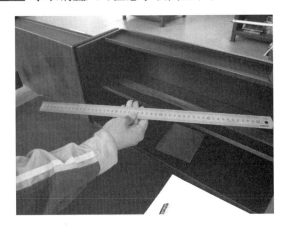

 测量制动摩擦片外侧中间位置的厚度。

注意根据测量精度确定有效数值，正确读取数据。

提示：

（1）如果制动摩擦片的厚度低于磨损极限，则更换制动摩擦片。

（2）上述两侧如有一侧不正常，则必须更换制动摩擦片。

（3）读取数据后，把钢直尺放回工量具架内。

測量制动摩擦片。拿起制动摩擦片，然后用钢直尺测量内侧中间位置制动摩擦片的厚度。注意根据测量精度确定有效数值，正确读取数据。

提示：

（1）在清洁制动摩擦片过程中手不可以接触到制动摩擦片的表面。

（2）标准值：11mm；极限值：1mm。如果制动器摩擦片的厚度低于磨损极限值，则更换制动摩擦片。

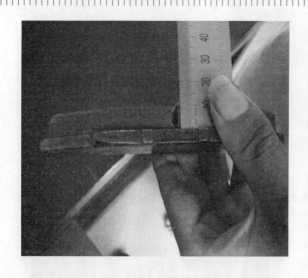

 测量后记录所测数值，注意正确写上单位，并注意测量精度。

第五步　测量工作台的宽度

 拿取钢卷尺。

提示：

拿取钢卷尺时，分清钢卷尺是自卷式的还是自动式的。

 以钢卷尺的带钩的"0"点端对准工作台的边缘，用手指按住后拉出钢卷尺。

提示：

使用卷尺应以钩子"0"点端为测量基准，这样便于读数。当以非"0"端为基准测量物品时，要特别注意起始端的数字，不然在读数时易读错。

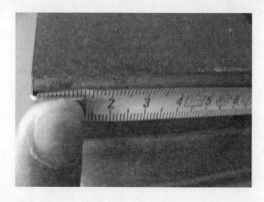

 把钢卷尺的尺带拉紧，读取工作台边缘对准的卷尺刻度。

提示：

（1）使用自卷式或自动式卷尺时，拉出尺带不得用力过猛，而应徐徐拉出。对于自动式卷尺，应先按下制动按钮，然后再拉出尺带。

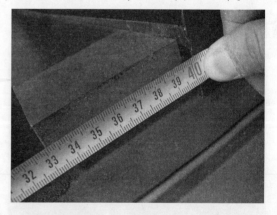

（2）使用时卷尺不得前后左右歪斜，尺带也不能松弛，需拉紧。

（3）读数时视线必须与尺面相垂直。

4 把读取的数据记录下来。要求记录正确,并注意写上单位,还要注意测量精度。

 提示:

(1)钢卷尺收回时要徐徐收回。对于自动式卷尺用毕后应按下自动按钮,尺带自动收卷,尺带自动收卷时,应防止尺带伤人。

(2)钢卷尺的尺带只能卷不能折。

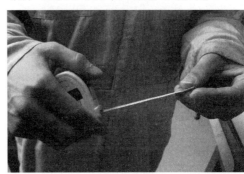

5 收回钢卷尺。

第六步 清洁整理

1 测量好后,清洁钢直尺,并涂上防锈油(或一薄层润滑油),然后将其放回工作台工量具架内。

 提示:

防锈油一定要用手均匀地抹开。

3 清洁工件,并把工件放回工作台零件架内。

4 用砂布清洁制动摩擦片,清除制动摩擦片表面的污垢,清洁后放回工作台零件架内。

 提示:

在清洁制动摩擦片过程中,手不可以接触到制动摩擦片的表面。

2 清洁钢卷尺。拉出尺带,用干净的毛巾把尺带清洁干净,再徐徐收回,放回工作台工量具架内。

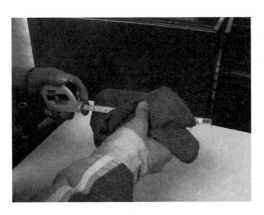

5 清洁整理工作台。

七 考核标准

钢直尺和钢卷尺使用考核标准表

考核时间	序号	项 目	配分	评分标准	得分
10min	1	着装规范	2	酌情扣分	
	2	检查量具、工件是否齐全	2	未检查扣2分	
	3	清洁工作台	2	未清洁扣2分	
	4	清洁工件	2	未清洁扣2分	
	5	清洁制动片	2	未清洁扣2分	
	6	清洁检查钢直尺	4	未操作一项扣4分	
	7	清洁检查钢卷尺	4	未操作一项扣4分	
	8	钢直尺长度单位选择	2	选用错误扣2分	
	9	测量高度时钢直尺的放置	2	不正确扣2分	
	10	读取数据时的姿势	4	操作不当扣4分	
	11	读取工件高度的数据	4	单位不写扣2分	
	12	工件高度数据的记录	3	不正确扣3分	
	13	测量直径时钢直尺的放置	3	不正确扣3分	
	14	读取数据时的姿势	4	操作不当扣4分	
	15	读取工件直径的数据	4	单位不写扣2分	
	16	工件直径数据的记录	3	单位不写扣3分	
	17	测量制动摩擦片时钢直尺的放置	2	不正确扣2分	
	18	制动摩擦片内侧位置的测量	3	位置错误扣3分	
	19	制动摩擦片外侧位置的测量	3	位置错误扣3分	
	20	读取制动摩擦片厚度的数据	4	单位不写扣2分	
	21	记录制动摩擦片厚度的数据	3	不正确扣3分	
	22	钢卷尺测量基准的确定	3	不正确扣3分	
	23	钢卷尺测量的姿势	4	操作不当扣4分	
	24	读取工作台宽度的数据	4	单位不写扣2分	
	25	记录工作台宽度的数据	3	不正确扣3分	
	26	收取钢卷尺	3	操作不当扣3分	
	27	钢直尺清洁、上油	6	未操作一项扣3分	
	28	清洁整理钢卷尺	2	未操作扣2分	
	29	清洁整理工件	2	未操作扣2分	
	30	清洁整理制动片	2	未操作扣2分	
	31	整理工作台	3	未操作扣3分	
	32	安全操作	6	零件跌落扣2分/次，量具损坏扣2分/次，扣完为止	
	33	其他		每超时1min扣2分，超时5min终止考试	
	34			因违规操作造成人身和设备事故的，总分按0分计	
		分数合计	100		

任务 9　塞尺与刀口尺

一、任务说明

厚薄规又称塞尺或间隙片。是一组淬硬的钢条或刀片,这些淬硬钢条或刀片被研磨或滚压成精确的厚度,它们通常都是成套供应。其在汽车维修中主要用于测量活塞与汽缸之间的间隙(见图9-1)、气门间隙(见图9-2)、触点间隙和一些接触面的平直度等。

每条钢片标出了厚度(mm),它们可以单独使用,也可以将两片或多片组合在一起使用,以便获得所要求的厚度,最薄的一片可以达到0.02mm。常用塞尺长度有50mm、100mm、200mm三种。

厚薄规在汽车维修中应用广泛。主要有以下应用:

刀口尺(见图9-3)的测量面呈刃口状,是用于检测工件平面形状误差的测量器具。刀口尺主要用来测量、检验精密平面的平面度、直线度。它具有结构简单、操作方便、测量效率高等优点,是常用的测量工具。刀口尺的精度一般都比较高,直线度误差控制在1μm左右,测量面粗糙度R_a为0.025μm这样的精度。在汽车维修中经常与厚薄规一起使用来测量平面的平面度,如图9-4所示为测量汽缸盖(体)平面。

图9-1　测量活塞与汽缸之间的间隙

图9-2　测量气门间隙

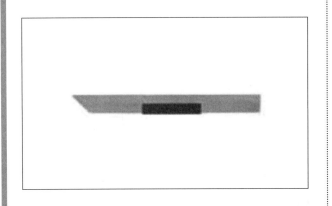

图9-3　刀口尺

图9-4　测量汽缸盖平面

二 实训时间 40min ★

三 实训教学目标

（1）熟悉厚薄规的作用、分类、材料；
（2）掌握厚薄规的正确使用和相关的使用注意事项；
（3）掌握刀口尺的作用、正确的使用方法和相关的使用注意事项；
（4）了解厚薄规与刀口尺配合使用方法和操作要领。

四 实训器材

塞尺

刀口尺

活塞连杆组，活塞环
（相互配套）

多功能工作台

五 教学组织

1 教学组织形式

此实训教学任务为实训操作课，1名实训教师，22名学生，实验室共有11张多功能工作台，每张工作台左右2个工位，每个工位都有配套的实训器材，每个工位1名学生独立进行操作。

2 学生的站位分工和要求

学生按规定的工位站立，按教师的指令同时独立进行操作。

3 实训教师职责

确定每位学生的工位；讲解实训任务的操作步骤和相关的注意事项，并进行示范操作；组织学生进行操作；巡视、检查、指导和纠正学生操作中的错误；课堂总结；组织学生对实验室进行清洁整理。

4 学生职责

认真听取教师的讲解，做好课堂笔记，观察教师的示范操作，独立完成实训任务，注意操作的规范性和安全性，自我总结，填写好作业单，做好课后的清洁整理工作。

六 操作步骤

▲ 第一步 清 洁

1 清洁工作台（要求同前）。

2 清洁活塞环。

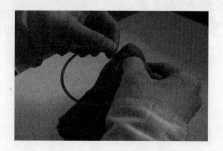

3 清洁活塞（要特别注意活塞环槽的清洁）。

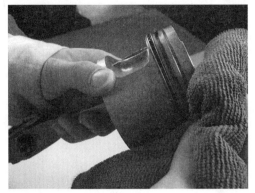

4 清洁厚薄规。用另一块干净的毛巾将厚薄规的钢片全面擦拭干净。

 提示:

（1）擦拭时注意不要把薄的钢片碰弯、折断。每一片都要清洁干净。塞尺粘有杂质会影响测量结果。

（2）工件要轻拿轻放，清洁后放回零件架内。

5 清洁刀口尺。刀口清洁时要轻轻擦拭，避免损伤刀刃，应保证刀口尺表面清洁光亮。

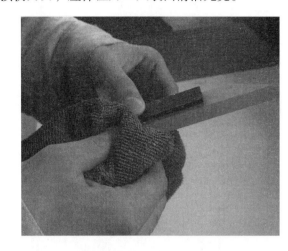

6 清洁完成后进行整理，把毛巾、工件放置在指定位置。

第二步 检 查

1 检查厚薄规。检查厚薄规各钢片有无损伤，例如碰弯、划痕、折断等，不允许有影响使用性能的外观缺陷。

2 检查刀口尺。检查直尺的测量面不得有划痕、碰伤、锈蚀等缺陷。

第三步 测量活塞环侧隙

1 把活塞连杆组夹在台虎钳上。注意夹装的位置是连杆上,用力不能太大。

2 拿取塞尺。右手拿取塞尺,各测量片合到夹板中。

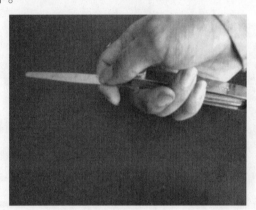

3 使用塞尺测量时,根据活塞环侧隙的技术标准,合理选择测量片。先选用0.04mm的较薄的测量片。

 提示:

丰田8A发动机中活塞环侧隙的标准是0.04~0.08mm。

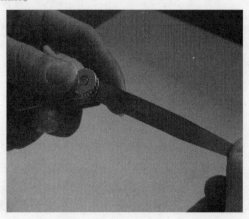

4 用双手拿住测量片和活塞环一起塞入到活塞环槽内,围绕环槽旋转一周(或均匀选取2~3个位置),应能自由活动,既不松动又无阻滞现象,说明活塞环侧隙大于0.04 mm。

提示:

(1)测量时根据间隙大小可以逐步加厚测量片,可以一片或数片重叠在一起插入间隙内。测量时应尽量减少重叠使用的片数,因为片数重叠过多会增加测量误差。

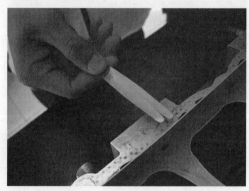

(2)测量时,必须平整插入测量片,松紧适度,所插入的测量片厚度即为间隙尺寸。严禁将测量片用大力硬插入测量。插入时应特别注意前端,不要用力过猛,否则容易折损或弯曲塞尺。

（3）由于塞尺很薄，容易弯曲或折断，测量时不能用力太大。测量时应在结合面的全长上多处检查，取其最大值，即为两结合面的最大间隙量。测量后及时将测量片合到夹板中去，以免损伤各金属薄片。

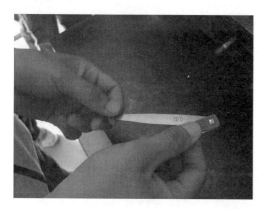

5 选用0.08mm的测量片试插。因没有单独的0.08mm的测量片，可选用0.05mm和0.03mm两块测量片叠加插测。

6 将两块测量片叠加后，用双手拿住测量片和活塞环一起塞入到活塞环槽内，围绕环槽旋转一周（或均匀选取2~3个位置），若转动时有阻滞现象或塞不进。说明活塞环侧隙小于0.08mm。

由此可以确定活塞环间隙是否在标准范围内。

7 正确填写作业单。

8 将活塞连杆组从台虎钳上拿下。

9 将活塞清洁后放回零件架内。

10 将活塞环清洁后放回零件架内。

11 清洁塞尺并上好机油。

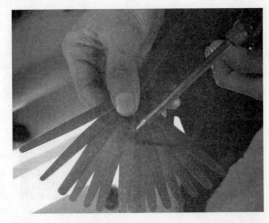

12 将塞尺测量片收回夹框内,以防锈蚀、弯曲或变形,再将塞尺放回工作台工量具架内。

13 清洁整理好工作台。

🌲 第四步　测量钢槽平面的平面度

1 清洁钢槽平面。

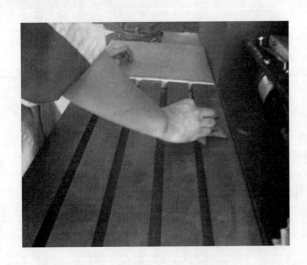

2 拿取刀口尺。

提示:

手应握持绝热板,避免温度影响和产生锈蚀。

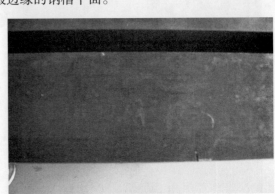

3 选取钢槽的测量平面。为了测量方便,选取最边缘的钢槽平面。

4 用一只手握刀口尺的护板,在横向位置,使刀口尺的工作棱边轻轻地与被侧面接触,凭刀口尺的自重使其工作棱边与被测面紧密贴合接触,而不允许施加压力于刀口尺。

5 刀口尺工作棱边与被检表面接触后,如果刀口尺与工件平面透光微弱而均匀,则该工件平面度合格;如果进光强弱不一,则说明该工件平面凹凸不平。可在刀口尺与工件未紧靠处用塞尺插入,根据塞尺的厚度即可确定平面度的误差。

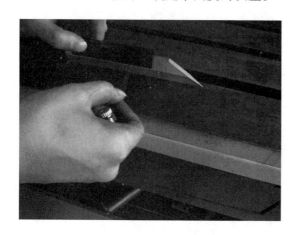

6 将刀口尺垂直紧靠在工件表面,在对角线方向检查读数。

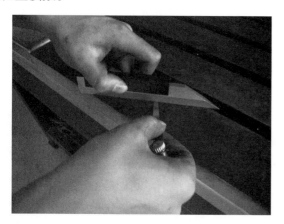

7 将刀口尺垂直紧靠在工件表面,在纵向检查读数。

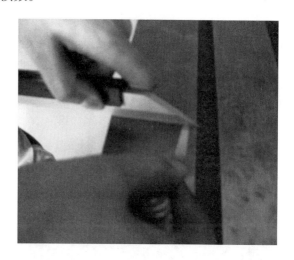

使用时不得碰撞,以确保其工作棱边的完整性,否则将影响测量的准确度。

8 正确记录数据,即塞尺上的读数,注意正确写上单位,字迹清晰。

第五步 整 理

1 塞尺上不得有污垢、锈蚀及杂物；塞尺使用完毕后要将测量面擦拭干净，并涂油，涂油时用手指均匀地抹开。

提示：

已发现有折损或标示刻度已经模糊不清的塞尺应立即予以更换。

2 将塞尺测量片收回夹框内，以防弯曲或变形，然后将塞尺放回工作台工量具架内。

3 清洁刀口尺，并在其工作面上涂上防锈油并用防锈纸包好。

4 把刀口尺单独存放或装入专用盒内保存，不得与其他工具堆放在一起。

5 清洁整理好工作台。

七、考核标准

塞尺与刀口尺的使用考核标准表

考核时间	序号	项　　目	配分	评 分 标 准	得分
20min	1	着装规范	3	酌情扣分	
	2	检查量具、工件是否齐全	3	未检查扣3分	
	3	清洁工作台	3	未清洁扣3分	
	4	清洁活塞环	3	未清洁扣3分	
	5	清洁活塞	3	未清洁扣3分	
	6	清洁检查厚薄规	6	未清洁扣3分，未检查扣3分	
	7	清洁检查刀口尺	6	未清洁扣3分，未检查扣3分	
	8	活塞连杆组夹装在台虎钳上	3	夹装不正确扣3分	
	9	用0.04mm测量片检查活塞环的侧隙	6	测量不正确扣4分，未判断扣2分	
	10	用0.08mm测量片检查活塞环的侧隙	6	测量不正确扣4分，未判断扣2分	
	11	确定活塞环侧隙的范围	4	判断错误扣4分	
	12	判断所测数据是否在标准范围内	4	判断错误扣4分	
	13	填写作业单	3	填写错误一处扣1分	
	14	清洁钢槽平面	3	未清洁扣3分	
	15	刀口尺的正确拿取	4	未正确拿取扣4分	
	16	测量钢槽平面的方法	4	测量方法错误扣4分	
	17	测量位置正确	4	测量位置错误扣4分	
	18	读取数据	6	数据读取错误扣6分	
	19	记录数据	3	记录错误扣3分	
	20	清洁塞尺	3	未清洁扣3分，清洁不完全扣2分	
	21	给塞尺上油	3	未上油扣3分	
	22	清洁刀口尺并上油	4	未清洁扣2分，未上油扣2分	
	23	整理工作台	3	未清洁扣2分，未整理扣1分	
	24	安全操作	10	操作不当扣2分/次，扣完为止	
	25	其他		每超时1min扣2分，超时5min终止考试	
	26			因违规操作造成人身和设备事故的，总分按0分计	
		分数合计	100		

任务 10　游标卡尺

一　任务说明

游标卡尺又称四用游标卡尺，简称卡尺，如图10-1所示。它是由刻度尺和卡尺制造而成的精密测量仪器，能够准确而且简单地从事长度、外径、内径及深度的测量，在汽车维修中0.02mm精度的游标尺使用最多。游标卡尺根据最小刻度的不同分为0.05mm和0.02mm两种。

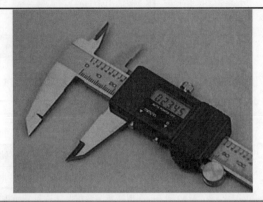

图10-2　电子游标卡尺

图10-1　游标卡尺

提示：

若游标上有50个刻度，则每个刻度表示0.02mm；若游标上有20个刻度，则每个刻度表示0.05mm。

还有一些游标卡尺使用电子读数显示小数部分，如图10-2所示。这种标尺的测量精度可达到0.005mm或0.001mm，应根据所测零部件的精度要求选用合适规格的游标卡尺。

还有一些游标卡尺是专门设计用于测量内径的，称其为专用游标卡尺，如图10-3所示。它可以用来测量汽车制动鼓的内径。这种游标卡尺的好处是不受被测物体内径边缘凸起的影响。

图10-3　专用游标卡尺

游标卡尺的测量范围一般是0～150mm。

游标卡尺的构造如图10-4所示，主要由一个带有刻度杆的固定量爪和一个滑动量爪（包括外量爪和内量爪）组成。尺身上刻有主刻度线，滑动爪上刻有游标刻度。

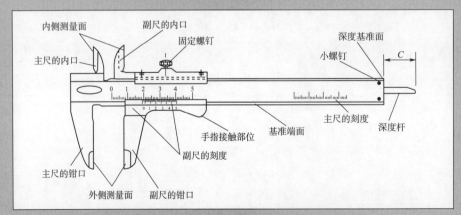

图10-4　游标卡尺的结构

主刻度尺如图10-5所示，是以毫米来划分刻度的，将每1cm平均分为10个刻度，在厘米刻度线上标有数字1、2、3等，表示为1cm、2cm、3cm等。主刻度尺每个刻度为1mm。

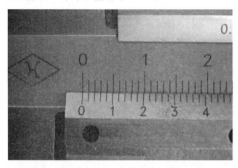

图10-5　主刻度尺的刻度

游标卡尺也标示有刻度，如图10-6所示。其每个刻度为49mm/50＝0.98mm，主尺和游标尺每个刻度差是0.02mm，这即为此游标卡尺的测量精度。

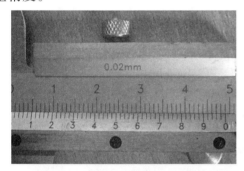

图10-6　游标卡尺的刻度

游标卡尺在汽车维修中应用广泛，如图10-7～图10-9所示。

图10-7　检测螺栓

图10-8　测量汽缸内径

图10-9　检测半圆止推环的厚度

二 实训时间　80min　★★

三 实训教学目标

（1）了解游标卡尺的作用、分类、结构和维护存放方法；
（2）掌握游标卡尺的正确使用、正确的读数以及使用中的相关注意事项。

四 实训器材

游标卡尺（量程0～150mm）

工件

五 教学组织

1 教学组织形式

此实训教学任务为实训操作课，1名实训教师，22名学生，实验室共有11张多功能工作台，每张工作台左右2个工位，每个工位都有一套实训设备，每个工位1名学生独立进行操作。

2 学生的站位分工和要求

学生按规定的工位站立，按教师的指令同时独立进行操作。

3 实训教师职责

确定每位学生的工位；讲解实训任务的操作步骤和相关的注意事项，并进行示范操作；组织学生进行操作；巡视、检查、指导和纠正学生操作中的错误；课堂总结；组织学生对实验室进行清洁整理。

4 学生职责

认真听取教师的讲解，做好课堂笔记，观察教师的示范操作，独立完成实训任务，注意操作的规范性和安全性，自我总结，填写好作业单，做好课后的清洁整理工作。

六 操作步骤

▲ 第一步 清 洁

 清洁检查工作台（同前）。

 清洁工件。用一块干净的毛巾清洁工件，上下左右前后内外全面清洁。

> **提示：**
> 工件轻拿轻放；清洁后放回零件架内。

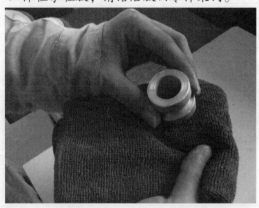

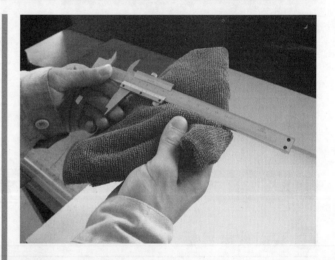

 清洁完成后的整理。把毛巾、笔、纸放置在工作台指定位置。

 清洁游标卡尺。用另一块干净的毛巾将游标卡尺全面擦拭干净。

> **提示：**
> （1）不能在游标卡尺沾有油污的情况下进行测量，否则，会直接影响测量结果的准确性。
> （2）清洁时量具要轻拿轻放，清洁后把游标卡尺放回盒内，不允许直接放在工作台面上。

第二步 检查游标卡尺

 检查测定量爪的密合状态。

提示:

（1）主、副尺的下量爪必须完全密合。

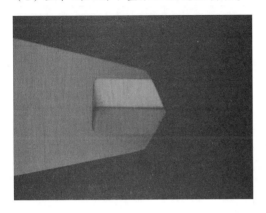

（2）测定内径。以上量爪在密合状态下，对着光源能够看到微弱的光线为正确。反之如果穿透光线很多则表示量爪的密合不佳。

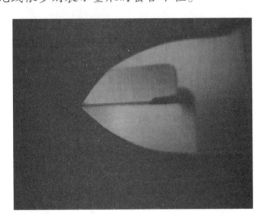

 零点校正。当量爪密切结合后，主副尺零点刻线必须相互对准为好。这时测量误差为0。

提示:

如果对不准，可以采用误差法读数，记录下测量误差。

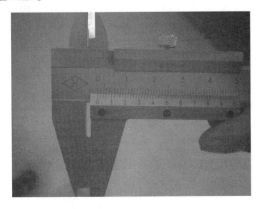

如下图所示，游标卡尺的零刻度线在主尺零刻度线的右边，读取游标卡尺的零刻度线与主尺零刻度线对齐点的数值为0.04mm，读取的测量误差值即为0.04mm（在读数时要减去）。

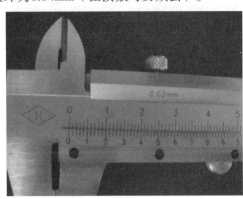

 游标的移动状况检查。游标必须能够在主尺上轻轻地移动而不会发出声音才行。

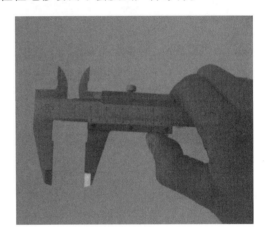

 检查固定螺钉是否完好。如果有损坏或丢失，则不能继续使用。不然会导致使用中读数不正确。

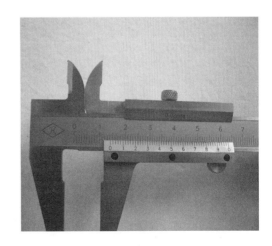

第三步 测量工件的高度

1 拿取游标卡尺。用右手大拇指顶住下端滚花部分,其他四指弯握主尺。

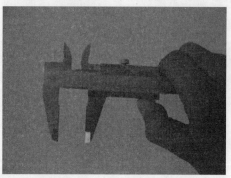

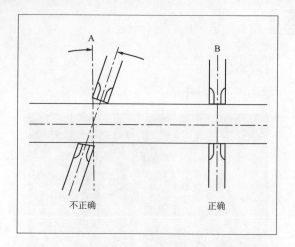

2 将工件夹在量爪中,用右手大拇指将活动量爪向外移动,使两量爪间距大于圆柱体高度,注意固定量爪与工件紧靠位置的选择应为量爪的刀口部分。

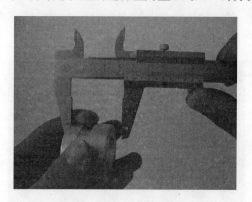

4 一旦工件刚好放在量爪之间,用固定螺钉固定游标卡尺,以方便读取测量值。

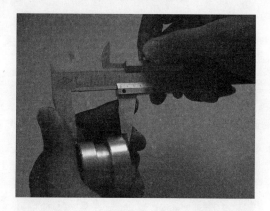

3 慢慢地向内移动游标,使两量爪的刀口部分与工件接触,然后用右手拇指轻压游标卡尺同时使测定工件和游标卡尺保持垂直状态。

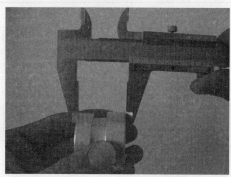

5 读取数值。

(1) 首先读出游标零线左边与主刻度尺身相邻的第一条刻线的整毫米数,为测得尺寸的整数值。如图为13.00mm。

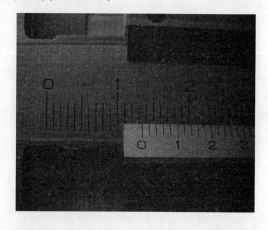

提示:

如果不保持垂直状态,如图A就无法获得正确的测定值。倘若出现这种情况则用右手拇指按住副尺,然后轻轻左右摇晃使副尺前进即能恢复至图B所示的正确位置。

(2) 再读出游标上与主刻度刻度线对齐的那一条刻线所表示的数值,即为测量值的小数,如图为0.38mm。

（3）把从尺身上读得的整毫米数和从游标上读得的毫米小数加起来即为测得的实际尺寸，即 13+（0.02×19）=13+0.38=13.38（mm）。

提示：

①19为游标刻度尺的从左边数共19个格。零点校正时测量误差为0。

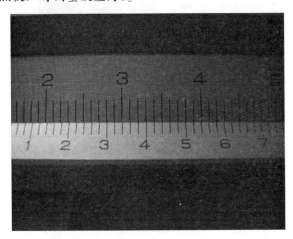

②读数时，要正对游标刻度，看准对齐的刻线，目光不能斜视，以减小读数误差。

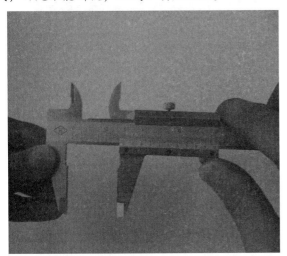

6 记录数据，注意根据测量精度确定有效数值。

提示：

读取数据后，把游标卡尺放回盒内。

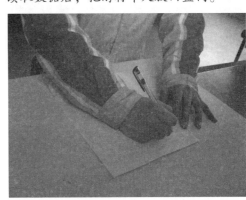

7 间隔60°分三个方位测量圆柱体高度，进行相同的测量，读取数据。

提示：

每次测量之前要松开止动螺钉。使用中，切忌硬卡硬拉，以免影响游标卡尺的精度和读数的准确性。

8 记录三次测量数据，注意测量精度和长度单位，并分析所测数据（比较每次测量数值大小的差异，并算出平均值）。

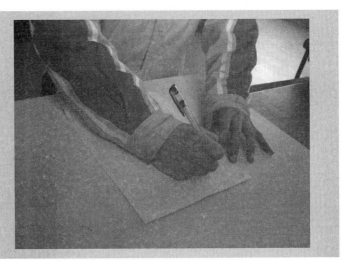

第四步　测量工件的外径

1 拿取游标卡尺（手势同前）。

2 将活动量爪向外移动，使两量爪间距大于工件外径，注意固定量爪与工件紧靠位置的选择应为量爪的刀口部分。

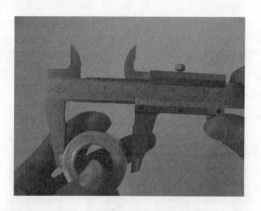

3 慢慢地向内移动游标，使两量爪的刀口部分与工件接触，然后用右手拇指轻压游标卡尺，同时务必使测定工件和游标卡尺保持垂直状态。

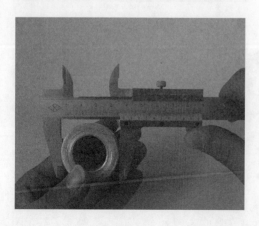

4 一旦工件刚好放在量爪之间，用固定螺钉固定游标卡尺，以方便读取测量值。

提示：

读数时，要正对游标刻度，看准对齐的刻线，目光不能斜视，以减小读数误差。

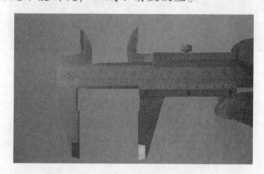

5 读取数据。参照工件高度测量的读数。

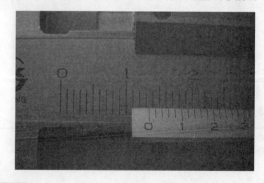

6 记录数据，注意根据测量精度确定有效数值。

提示：

读取数据后，把游标卡尺放回盒内。

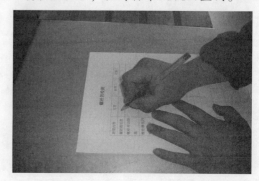

间隔60°分三个方位测量圆柱体外径,进行相同的测量,读取数据。

提示:

每次测量之前要松开固定螺钉。使用中,切忌硬卡硬拉,以免影响游标卡尺的精度和读数的准确性。

 记录三次测量数据,分析所测数据(比较每次测量数值大小的差异,并算出平均值)。

提示:

记录数据时注意测量精度和长度单位的正确填写。

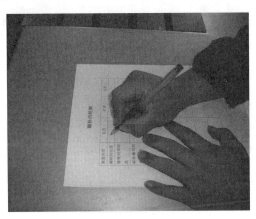

第五步 测量工件的内径

1 拿取游标卡尺,手势同上。

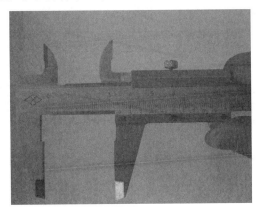

2 将活动量爪向内移动,使两量爪间距小于工件内径,伸入内孔中。

提示:

量爪不要完全伸入,刀口可以卡住即可;量爪与工件紧靠位置的选择要正确。

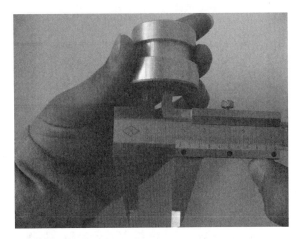

3 慢慢地向外移动游标,使两量爪与工件接触,然后用右手拇指轻压游标卡尺同时务必使测定工件和游标卡尺保持垂直状态。两量爪所取位置为最大直径位置。若有偏斜用右手拇指按住副尺,然后轻轻左右摇晃使副尺前进即能恢复至正确位置。

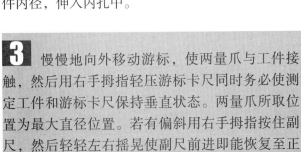

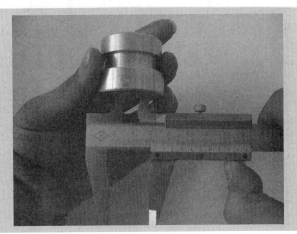

任务 10 游标卡尺

4 一旦两量爪刚好是内径直径位置时，用固定螺钉固定游标卡尺，以方便读取测量值。

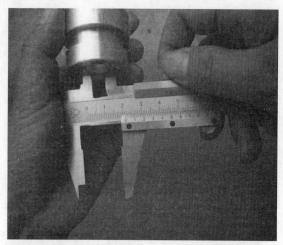

 提示：

读数时，要正对游标刻度，看准对齐的刻线，目光不能斜视，以减小读数误差。

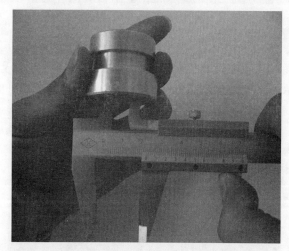

5 读取数据（参照工件高度测量）。

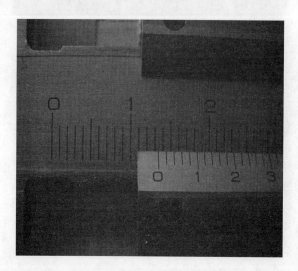

6 记录数据，注意根据测量精度确定有效数值。

 提示：

读取数据后，把游标卡尺放回盒内。

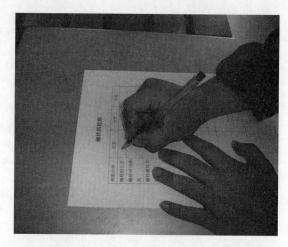

7 间隔60°分三个方位测量圆柱体内孔直径，进行相同的测量，读取数据。注意事项同前。

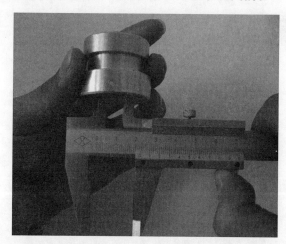

8 记录三次测量数据，分析所测数据（比较每次测量数值大小的差异，并算出平均值）。

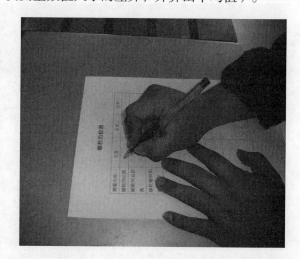

第六步 测量工件的内孔深度

1 拿取游标卡尺。拿取手势同上,测量内孔深度时游标卡尺要垂直放置。

2 将游标卡尺垂直放置,将深度尺伸入抵住内孔的底部,移动副尺,使主尺底部离工件有一定的距离。注意深度尺紧靠工件的内孔边缘,保证游标卡尺底部端面与工件垂直。

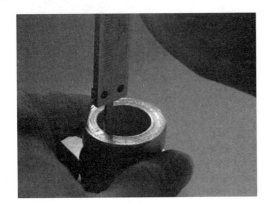

3 用左手轻轻把主尺慢慢地向下移动,使主尺底部与工件端面垂直接触,右手拇指轻压游标尺,务必使测定工件端面和游标卡尺主尺底部保持垂直状态。

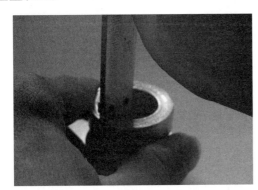

4 一旦主尺底部与工件端面垂直接触后,用固定螺钉固定游标卡尺,以方便读取测量值。

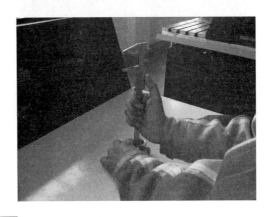

5 读取数据(参照工件高度测量)。

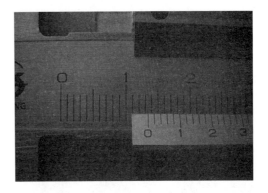

6 记录数据,注意根据测量精度确定有效数值。

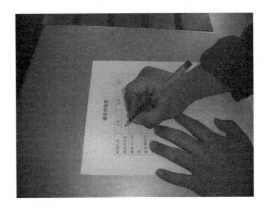

7 间隔60°分三个方位测量圆柱体内孔深度,进行相同的测量,读取数据。

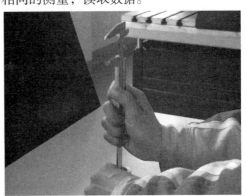

8 记录三次测量数据,注意测量精度和长度单位,并分析所测数据(比较每次测量数值大小的差异,并算出平均值)。

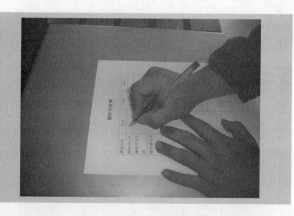

第七步 清洁整理

1 清洁工件,然后把工件放回工作台零件架内。

2 用一块干净的毛巾全面清洁游标卡尺,重点部位是量爪、游标尺、深度尺。

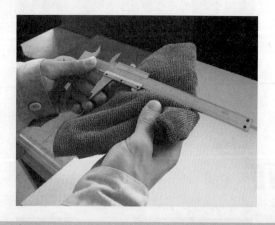

3 给游标卡尺涂上防锈油(或一薄层润滑油),特别是量爪和游标的位置,游标反复移动上油。

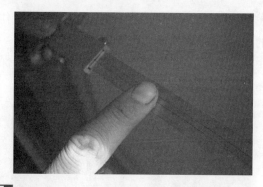

4 将游标卡尺放回盒内,盖好盒子。

提示:

放置时两量爪分开一点距离,以免影响测量精度。

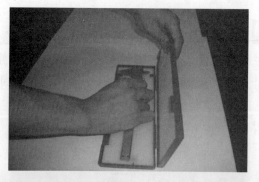

5 清洁整理好工作台。

七 考核标准

游标卡尺使用考核标准表

考核时间	序号	项　目	配分	评分标准	得分
20min	1	着装规范	2	酌情扣分	
	2	检查量具、工件是否齐全	2	未检查扣2分	
	3	清洁工作台	2	未清洁扣2分	
	4	清洁游标卡尺	2	未清洁扣2分	
	5	清洁工件	2	未清洁扣2分	
	6	检查游标卡尺量爪的密合情况	2	未检查扣2分	
	7	游标卡尺零点校正	6	校正不正确扣2分	
	8	检查游标尺的移动情况	2	未检查扣2分	
	9	检查游标卡尺的固定螺钉	2	未检查扣2分	
	10	测量工件高度的操作	2	操作不正确扣2分	
	11	读数时锁止游标卡尺的固定螺钉	2	未锁止扣2分	
	12	正确读取工件高度的数据	6	读取不正确扣6分	
	13	正确记录数据	3	记录不正确扣3分	
	14	不同的位置进行测量记录	2	测量不熟练扣2分	
	15	测量工件外径的操作	2	操作不正确扣2分	
	16	读数时锁止游标卡尺的固定螺钉	2	未锁止扣2分	
	17	正确读取工件外径的数据	6	读取不正确扣6分	
	18	正确记录数据	3	记录不正确扣3分	
	19	不同的位置进行测量记录	2	测量不熟练扣2分	
	20	测量工件内径的操作	2	操作不正确扣2分	
	21	读数时锁止游标卡尺的固定螺钉	2	未锁止扣2分	
	22	正确读取工件内径的数据	6	读取不正确扣6分	
	23	正确记录数据	3	记录不正确扣3分	
	24	不同的位置进行测量记录	2	测量不熟练扣2分	
	25	工件阶梯孔深度测量的操作	2	操作不正确扣2分	
	26	读数时锁止游标卡尺的固定螺钉	2	未锁止扣2分	
	27	正确读取工件阶梯孔深度的数据	6	读取不正确扣6分	
	28	正确记录数据	3	记录不正确扣3分	
	29	不同的位置进行测量记录	2	测量不熟练扣2分	
	30	清洁整理工件	2	未清洁扣1分，未整理扣1分	
	31	清洁游标卡尺	2	未清洁扣2分	
	32	游标卡尺上油	2	未上油扣2分	
	33	整理工作台	2	未整理扣2分	
	34	安全操作	10	零件跌落扣2分/次，量具损坏扣2分/次，扣完为止	
	35	其他		每超时1min扣2分，超时5min终止考试	
	36	因违规操作造成人身和设备事故的，总分按0分计			
		分数合计	100		

任务 10 游标卡尺

任务11 外径千分尺

一、任务说明

千分尺也称为测微器,如图11-1所示。它是利用螺纹节距来测量长度的精密测量仪器,主要用于测量加工精度要求较高的零部件。汽车维修中一般使用可以测至1/100mm的千分尺,即其精度可达到0.01mm。

外径千分尺用于外径和宽度的测量,测量范围一般为25mm。

根据所测零部件外径大小,可选用测量范围为0~25mm、25~50mm、50~75mm、75~100mm等多种规格的千分尺。

图11-1 外径千分尺

外径千分尺的构造如图11-2所示,主要部分由测砧、测微螺杆、尺架、固定套筒、套管、棘轮旋钮及锁紧装置等部件组成。

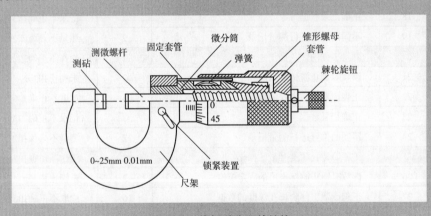

图11-2 外径千分尺的结构

固定套筒上刻有刻度,测轴每转动一周即可沿轴方向前进或后退0.5mm。活动套管的外圆上刻有50等份的刻度,在读数时每等份为0.01mm。如图11-3所示。

外径千分尺的尾端有棘轮旋钮,如图11-4所示。棘轮旋钮的作用是保证测轴的测定压力,当测定压达到一定压力时,限荷棘轮即会空转。如果测定压力不固定则无法测得正确尺寸。

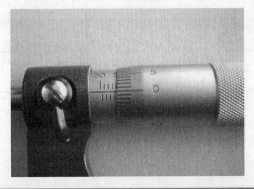

图11-3 固定套筒的刻度

图11-4 棘轮旋钮

外径千分尺在汽车维修中应用广泛。主要有以下应用：

图11-5 测量曲轴轴颈

图11-6 测量凸轮轴轴颈

二、实训时间 80min ★★

三、实训教学目标

（1）熟悉外径千分尺的作用、分类、结构和维护存放的方法；
（2）掌握外径千分尺的正确使用和正确的读数方法；
（3）掌握检测曲轴连杆轴颈直径测量的基本操作步骤，并能根据相关的技术标准进行分析判断；
（4）依据5S（5S的含义：整理、整顿、清扫、清洁、素养）管理的要求，培养学生安全、规范的操作习惯。

四、实训器材

外径千分尺（量程25～50mm）

曲轴（丰田8A发动机）

V形块一对

五、教学组织

1 教学组织形式

此实训教学任务为实训操作课，1名实训教师，22名学生，实验室共有11张多功能工作台，每张工作台左右2个工位，每个工位都有一套实训设备，每个工位1名学生独立进行操作。

2 学生的站位分工和要求

学生按规定的工位站立，按教师的指令同时独立进行操作。

3 实训教师职责

确定每位学生的工位；讲解实训任务的操作步骤和相关的注意事项，并进行示范操作；组织学生进行操作；巡视、检查、指导和纠正学生操作中的错误；课堂总结；组织学生对实验室进行清洁整理。

4 学生职责

认真听取教师的讲解，做好课堂笔记，观察教师的示范操作，独立完成实训任务，注意操作的规范性和安全性，自我总结，填写作业单，做好课后的清洁整理工作。

六 操作步骤

🌲 第一步 清　洁

1 清洁工作台（要求同前）。

2 清洁量程为25～50mm的外径千分尺。重点清洁部位为千分尺的测砧与测微螺杆的测量面。清洁后将外径千分尺放回盒内。

提示：

外径千分尺的测砧与测微螺杆的测量面粘有脏污会引起测量误差，导致测量结果失真。

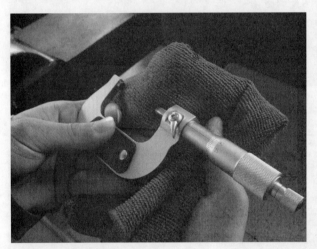

3 清洁千分尺的校量棒。

提示：

清洁时主要是用干净的抹布轻轻拭擦校量棒两端，千万不能用坚硬或者粗糙的东西接触校量棒两端。

4 清洁曲轴的连杆轴颈，用一块干净的毛巾清洁曲轴的连杆轴颈位置。

提示：

（1）曲轴较重，清洁时拿取要安全。
（2）要掌握曲轴主轴颈的正确位置。

5 清洁V形块。用一块干净的毛巾清洁两块V形块，且上下左右前后内外全面清洁。

提示：

工件轻拿轻放；清洁后把V形块放入工作台钢槽内。

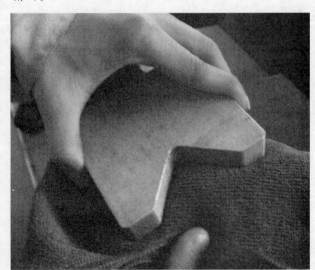

第二步 检 查

1 检查量程为25～50mm的外径千分尺测砧是否生锈或缺损,严重时不能使用。

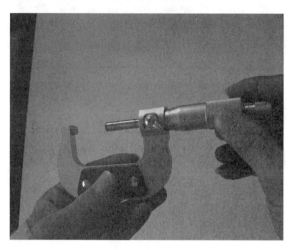

2 检查外径千分尺的锁紧装置是否完好。如果损坏严重,则不能继续使用。

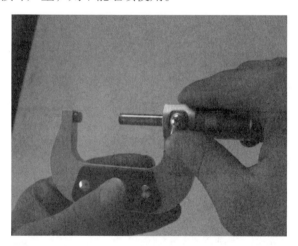

3 检查外径千分尺的活动套筒能否转动灵活。

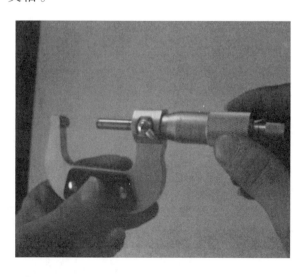

4 检查外径千分尺的棘轮旋钮是否正常。

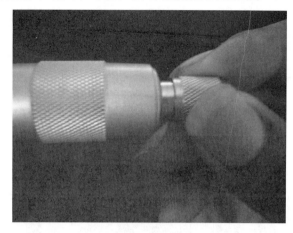

5 检测曲轴连杆轴颈。

 提示:

重点检查曲轴的连杆轴颈,观察是否有烧蚀、拉伤、裂纹等损伤。如果损伤严重,会影响到测量结果。

6 检查V形块。检查V形块能否放入钢槽,有无卡滞现象。两块V形块最低点要对准,高度要一致。

任务 11 外径千分尺

第三步 外径千分尺零点校正

 把外径千分尺夹装到台虎钳上。

提示：

在台虎钳的钳口处垫上木块，或者是抹布，防止损坏千分尺。

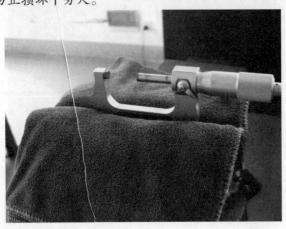

提示：

（1）若不调整，可以用读误差法进行读数，读取套筒的刻度与套管基准线对齐点的数值（如图为0.01mm），活动套筒的零刻度线在固定套管基准线的下边时读取误差值为-0.01mm。

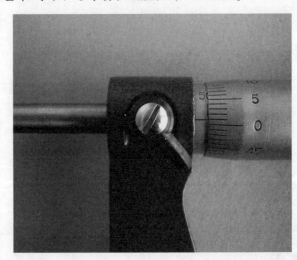

 仔细清理测定面后，将标准量规夹在测量轴和砧子之间，慢慢转动限荷棘轮，同时前后轻微转动校量棒，当棘轮转动2~3圈并且每圈都发出"咔咔"声，即能产生正确的测定压时，检视指示值。

提示：

（1）校量棒要放平放稳，否则校不准确。

（2）如果是0~25mm量程的千分尺可直接校零，没有标准量规。

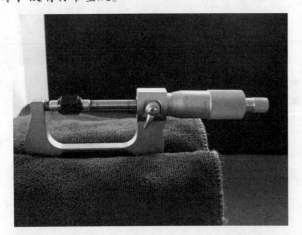

（2）活动套筒的零刻度线在固定套管基准线的上边时读取误差值为+0.01mm。

3 活动套管前端面应在固定套筒的"零"刻线位置；且活动套管上的"零"线要与固定套筒的基准线对齐。若两者中有一个"零"线不能对齐，则该千分尺有误差，应检查调整后才能继续测量。

4 根据以上方法进行校正后，如果零点有偏差，应先检查测定面接触状况是否良好，然后再根据误差的大小进行调整。

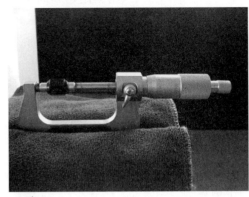

（1）当误差在0.02mm以下时，把调整扳手的前端插入固定套筒内，转动套筒使活动套管的零点刻线和套筒上的基准线对齐。经多次调整后，再进行零点检查，若还有偏差则根据上述方法再次调整。

①当误差在0.02mm以上时，如只调整套筒，则会因套筒基准线的移动导致不易读取刻度。

②调整扳手。

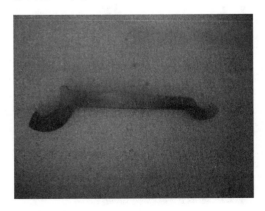

（2）当误差在0.02mm以上时的调整步骤如下：
①使用调整扳手紧固活动套管和测轴。

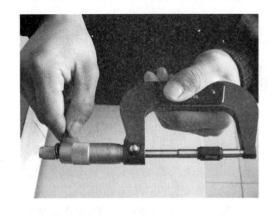

②松解棘轮旋钮，转动套管，调整零点的偏差大致在0.02mm以下后紧固棘轮旋钮。

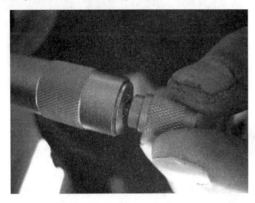

③再进行零点校正，确定误差在0.02mm以下后，再按前项利用固定套筒进行微调。

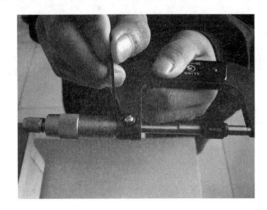

5 调好后，取下校量棒放回盒内。

第四步 测量

1 把V形块放置在钢槽内。

提示:

V形块下端凹槽与钢槽紧密配合,不能倾斜。两块V形块之间的距离要合适,便于放置电枢轴,否则会影响测量精度。

2 把曲轴放在V形块上,注意与V形块接触的轴必须在同一轴线上,一端伸出长一点,便于测量。

3 拿取外径千分尺。

提示:

(1)根据曲轴连杆轴颈的直径大小选择25～50 mm的外径千分尺。

(2)拿取外径千分尺的时候,左手必须握在弓架黑色隔热板位置。

(3)拿取时避免把外径千分尺掉落地面或遭受撞击,如果不小心落地应该立刻检查并作适当处理。

4 上下方向测量时,用测砧贴牢曲轴连杆轴颈,注意避开油孔位置。

提示:

(1)测砧与曲轴连杆轴颈应为面接触,若为线接触或者点接触都会影响到正确测量结果。

(2)注意不能直接转动活动套管。

(3)必须使千分尺螺杆轴线与曲轴连杆轴颈中心线垂直且相交。若歪斜着测量,则直接影响测量的准确性。

5 旋紧测微螺杆并与曲轴连杆轴颈接触,在旋转限荷棘轮的同时前后轻微摆动,转动棘轮2～3圈,每圈都能听到"咔咔"声后,就会产生适当的测定压力,然后锁紧千分尺。

提示:

应在曲轴连杆轴颈的径向最大处测到该轴的直径。

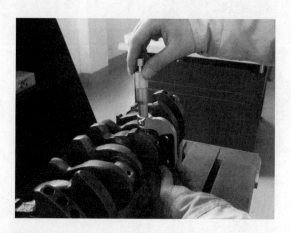

6 一旦千分尺轴杆轻轻接触被测物,便用锁紧装置锁定。

提示:

当从事活塞、曲轴轴径之类的圆周直径测量时，必须保证测轴轴线与最大轴径保持一致（即测试处为轴径最大处）。也就是指从横向来看测轴应与检测部件中心线垂直且相交。只有这样才能保证测试数据正确无误。

 读取数据。读数时，先读出固定套管上露出刻线的整毫米及半毫米数。

例1：

如右图所示固定套管上的读数为55mm。再看活动套筒哪一刻线与固定套管的基准线对齐，读出不足半毫米的小数部分，不足一格数（千分之几毫米），可用估计读法确定。活动套管上的0.010mm的刻度线对齐基准线，因此读数是0.010mm。将两次读数相加，再考虑误差值，即为工件的测量尺寸。即得读数：

55mm+0.010mm±误差值=55.010mm（此次测量误差为0）。

如果基准线在活动套管上0.01mm和0.02mm之间，应该用估读法确定，使其误差在0.001mm。也就是说，外径千分尺的精度虽然是0.01mm，但最后的读数应精确到0.001mm，最后一位有效数字用估读法确定。

提示:

图示为50～75mm测量范围的外径千分尺。

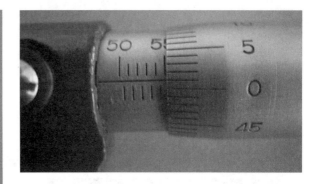

例2：

如右图所示套筒上的读数为39.5mm，套管上的0.490mm的刻度线对齐基准线（此次测量误差为0），因此读数是：

39.5mm+0.490mm=39.990mm。

提示:

（1）为便于读取套筒上的读数，基准线的上下两方各刻有刻度。

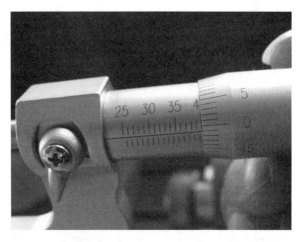

（2）为防止因视差而产生的误读，最好令眼睛视线与基准线成直角再读取读数。

（3）读取数据后，把外径千分尺放回盒内。

 记录数据，注意根据测量精度确定有效数值，正确书写单位。

9 更换外径千分尺的测量方向（即左右方向），进行相同的测量，读取数据。

 提示：

每次测量之前要松开锁止装置。使用中，切忌硬卡硬拉，以免影响外径千分尺的精度和读数的准确性。

10 记录第二次的测量数据，注意数据的测量精度和长度单位。完成作业单，简单分析处理数据（每次测量数值大小的差异）。

 提示：

丰田8A发动机曲轴连杆轴颈标准直径为：39.985～40.000mm。

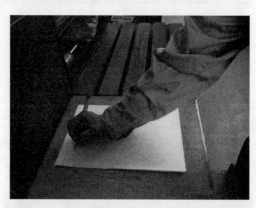

🌲 第五步　清洁整理

1 拿下并清洁曲轴，清洁后放回工作台的零件架内。

2 清洁V形块，然后将其放回工作台的工量具架内。

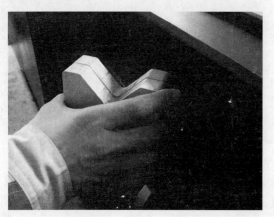

3 清洁外径千分尺及校量棒。

 提示：

重点清洁位置是测砧和活动套筒处。

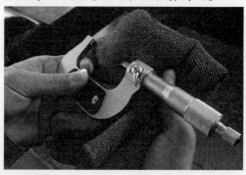

4 为防止生锈，使用后须立即擦拭并涂上一层防锈油。

 提示：

重点上油位置是测砧和活动套筒处。

5 在使用后将测砧和测轴的测定面分离后再放回盒内。保存时应先防置于储存盒内，再置于湿度低，无振动的地方保管；请不要放置在污垢或灰尘很多的地点；禁止重压、弯曲千分尺。

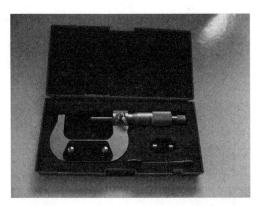

6 清洁整理好工作台。

七 考核标准

千分尺的使用考核标准表

考核时间	序号	项目	配分	评分标准	得分
20min	1	着装规范	2	酌情扣分	
	2	检查量具、工件是否齐全	2	未检查扣2分	
	3	清洁工作台	2	未清洁扣2分	
	4	清洁外径千分尺	2	未清洁扣2分	
	5	清洁校量棒	2	未清洁扣2分	
	6	清洁曲轴连杆轴颈	2	未清洁扣2分	
	7	清洁V形块	2	未清洁扣2分	
	8	检查外径千分尺的测砧	2	未检查扣2分	
	9	检查外径千分尺的锁止装置	2	未检查扣2分	
	10	检查外径千分尺的活动套筒	2	未检查扣2分	
	11	检查外径千分尺的棘轮旋钮	2	未检查扣2分	
	12	检查曲轴连杆轴颈	2	未检查扣2分	
	13	检查V形块	2	未检查扣2分	
	14	外径千分尺夹装在台虎钳上	2	夹装不正确扣2分	
	15	外径千分尺零点校正操作	4	操作方法错误4分	
	16	确定外径千分尺零点误差	4	误差读取错误扣4分	
	17	V形块正确放置在钢槽上	2	放置不正确扣2分	
	18	曲轴放在V形块上	2	安装错误扣2分	
	19	外径千分尺的正确拿取	2	拿取手势不对扣2分	
	20	曲轴连杆轴颈上下方向测量位置的选择	2	位置选择错误扣2分	
	21	上下方向外径千分尺的测量操作	4	测量操作错误扣4分	
	22	数据的读取	6	读数错误扣6分	
	23	数据的记录	4	数据记录错误扣4分	
	24	曲轴连杆轴颈左右方向测量位置的选择	8	位置选择错误扣2分	
	25	左右方向外径千分尺的测量操作	2	测量操作错误扣4分	

续上表

考核时间	序号	项 目	配分	评 分 标 准	得分
20min	26	数据的读取	6	读数错误扣6分	
	27	数据的记录	2	数据记录错误扣4分	
	28	完成作业表	2	未完成扣3分	
	29	清洁整理曲轴	2	未清洁扣1分，未整理扣1分	
	30	清洁整理V形块	2	未清洁扣1分，未整理扣1分	
	31	清洁外径千分尺	2	未清洁扣2分	
	32	外径千分尺上油	2	未上油扣2分	
	33	清洁整理工作台	4	未清洁扣2分，未整理扣2分	
	34	安全操作	10	零件跌落扣2分/次，量具损坏扣2分/次，扣完为止	
	35	其他		每超时1min扣2分，超时5min终止考试	
	36	因违规操作造成人身和设备事故的，总分按0分计			
		分数合计	100		

任务12 百分表与磁性表座

一 任务说明

百分表如图12-1所示，它是利用指针和刻度将心轴移动量放大来表示测量尺寸，百分表是一种比较性测量仪器，用于测量工件的尺寸误差以及配合间隙，百分表在汽车维修中一般都是用来判定凸轮轴及曲轴的振动、弯曲度、平行度或平面是否良好。在汽车修理厂，大都采用最小刻度为1/100mm的百分表。百分表同时可以和夹具配合使用。

图12-1 百分表

百分表的测量头包括四种类型，如图12-2所示：

A. 长型——适合在有限空间中使用。
B. 辊子型——用于轮胎的凸面/凹面形体的测量。
C. 杠杆型——用于测量摆动不能直接接触的（如配套法垂直偏离）的测量。
D. 平板型——用于测量活塞突出部分等。

如图12-3所示，是百分表的内部结构及原理示意图。百分表主要是由尺条和小齿轮装配而成，利用二者的功能将心轴的移动量放大，再由指针的转动来读取测定数值。测量头和心轴（齿条）移动时带动第一小齿轮转动，再利用同轴上的被动齿轮带动第二小齿轮转动，于是装置在第二小齿轮上的指针即能将放大心轴的移动量显示在刻度盘上。而由于长针每一个回转相当于1mm的移动量，又因为刻度盘的刻度有100等份，所以测定的移动量可精确到1/100mm。

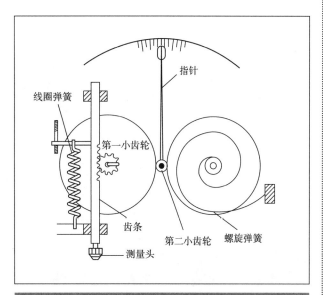

图12-3 百分表的结构原理图

百分表表盘刻度如图12-4所示，分为100格，当量头每移动0.01mm时，大指针偏转1格，当量头每移动1.0mm时，大指针偏转1周，小指针偏转1格（相当于1mm）。百分表的表盘是可以转动的。

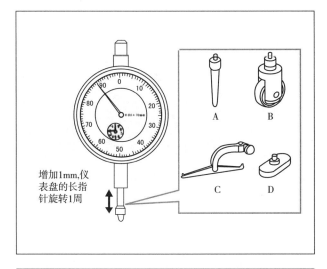

图12-2 百分表的测量头类型

图12-4 百分表表盘刻度

国产百分表比较常用的测量范围有3种：0～3mm、0～5mm和0～10mm。百分表的测量附件由测杆、插杆、凸轮及凸轮推杆、表杆和固定螺钉组成。测杆内端顶靠凸轮并可轴向伸缩，插杆的长度规格可根据测量孔径大小选择，插杆内端有螺纹，拧入插杆座孔时可调节伸出长度，调好后用螺母锁紧。百分表与附件装合时，将表的芯轴插入表杆内孔，使芯轴与凸轮推杆接触。芯轴插入深度，一般使表针转动12～15转为好。

百分表要装设在支座上才能使用，在支座内部设有磁铁，旋转支座上的旋钮使表座吸附在工具台上，因而又称磁性表座，组装后和百分表一起使用，如图12-5所示。

图12-5 磁性表座与百分表

使用百分表时要注意以下3点：
（1）百分表内部构造和钟表相类似，应避免摔落或遭受强烈撞击。
（2）心轴上不可涂抹机油或油脂。如果心轴上沾有油污或灰尘而导致心轴无法平滑移动时，请使百分表保持垂直状态，再将套筒浸泡在品质极佳的汽油内浸至中央部位，来回移动数次后再用干净的抹布擦拭即能恢复至原来平滑的情况。

百分表的保存应注意以下3点：
（1）为防止生锈，使用后立即擦拭并涂上一层防锈油。
（2）定期对百分表进行精密度的检查。
（3）收藏时先将百分表放在工具盒内，再放置在湿度低、无振动的库房内。

百分表与磁性表座在汽车维修中应用很广泛，主要有以下应用：

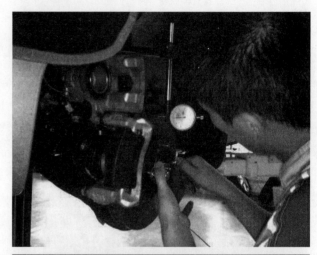

图12-6 制动盘平面度的检测

图12-7 曲轴弯曲度检测

二 实训时间 80min ★★

三 实训教学目标

（1）熟悉百分表与磁性表座的作用、分类、结构和维护存放的方法；
（2）掌握百分表与磁性表座的正确组装、使用和读数方法；
（3）掌握检测曲轴圆跳动量的基本操作步骤，并能根据相关的技术标准进行分析判断；
（4）依据5S（5S的含义：整理、整顿、清扫、清洁、素养）管理的要求，培养学生安全、规范的操作习惯。

四 实训器材

曲轴（丰田8A发动机）

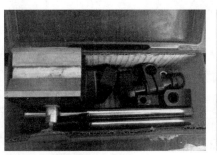
磁性表座

百分表

V形块一对

机油壶

多媒体设备

五 教学组织

1 教学组织形式

此实训教学任务为实训操作课，1名实训教师，22名学生，实验室共有11张多功能工作台，每张工作台左右2个工位，每个工位都有一套实训器材，每个工位1名学生独立操作。

2 学生的站位分工和要求

学生按规定的工位站立，按教师的指令同时独立进行操作。

3 实训教师职责

确定每位学生的工位；讲解实训任务的操作步骤和相关的注意事项，并进行示范操作；组织学生进行操作；巡视、检查、指导和纠正学生操作中的错误；课堂总结；组织学生对实验室进行清洁整理。

4 学生职责

认真听取教师的讲解，做好课堂笔记，观察教师的示范操作，独立完成实训任务，注意操作的规范性和安全性，自我总结，完成作用表，做好课后的清洁整理工作。

六 操作步骤

第一步 作业准备

 学生准备。

（1）每位学生站在指定的工位上。

提示：

工位安排时根据学生的身高从矮到高、从前往后排列。

（2）学生着装规范：拉链拉好，袖口扣好，衣领整齐，不佩戴任何首饰。以跨列姿势站在工作台边约50cm位置，面向前方。

提示：

贯彻5S管理要求，保证学生良好的精神面貌，确保操作的安全性并提高工作效率。

 器材准备：把量具放置在工作台的工、量具架内（上格）。把工件放置在工作台零件架内（下格）。清洁毛巾放置在工作台零件架的右边。

提示：

量具、工件必须按要求摆放整齐，并要求学生检查放置的量具及工件是否齐全，如有缺少及时向教师报告反馈。

第二步 清 洁

 工作台清洁。

提示：

清洁工作台时要全面清洁。

 清洁曲轴，重点清洁曲轴的主轴颈位置。

提示：

（1）曲轴从发动机上拆下时，已经进行了超声波清洗，这里只作简单的清洁。

（2）清洁部位为曲轴主轴颈的工作表面。曲轴主轴颈的工作表面粘有脏污会引起测量误差，导致测量结果失真。

3 清洁百分表，重点清洁百分表的测量头。

：

因为百分表是精密量具，清洁时毛巾一定要干净，否则会影响测量精度。

4 清洁磁性表座。

：

磁性表座的组成零件比较多，每个零件都需要清洁。个别的零件比较小，清洁时注意不要掉落。

5 清洁V形块。

：

清洁时要全面清洁，特别是V形块的V形口位置。清洁时要轻拿轻放。

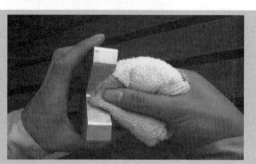

🌲 第三步　检查量具及工件

1 检查曲轴。

提示：

重点检查曲轴的主轴颈，观察是否有烧蚀、拉伤、裂纹等损伤。如果损伤严重，会影响到测量结果，应及时向老师报告反馈。

2 检查百分表。观察表面是否有破损；用右手大拇指轻轻压百分表的测头，看大小指针是否能灵活转动。若指针有卡滞现象，不要继续使用，应及时报告反馈给老师。

3 检查磁性表座。检查磁性表座各组成零件是否齐全，是否有损坏。

任务 12　百分表与磁性表座

提示：

（1）磁性表座组成零件共有15件，特别注意4个垫片是否齐全，因为细小零件容易丢失。

（2）重点检查磁性底座。把磁性底座放在钢槽上，转至ON挡，检查是否有磁力；同时观察磁性底座旋钮是否松脱，是否能正常旋转，V形槽口面是否有损伤等。如发现有损坏，应及时向老师报告。

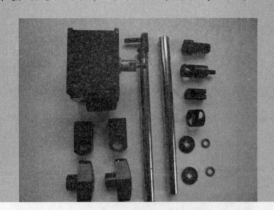

 检查V形块。

提示：

检查V形块能否完全放入钢槽，有无卡滞现象。两块V形块V形口的最低点应对准，高度应一致。

🌲 第四步　组装磁性表座

 打开磁性表座的盒子。

提示：

双手大拇指同时用力向上扳开，注意用力要小，以免损伤磁性表座盒子。

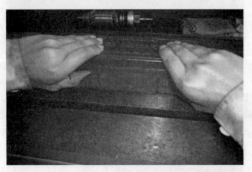

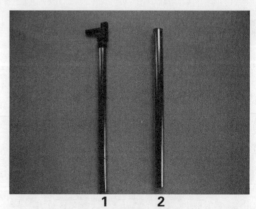

1-立柱；2-横杆

（2）各连接件如下图所示。连接件1和连接件4比较相似。注意有区别：连接件1的孔小，连接件4的孔大。

 认识磁性表座的各组成零件。

提示：

（1）注意分清楚立柱与横杆。

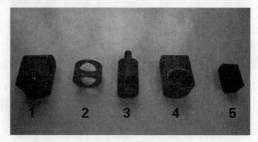

（3）各旋钮如下图所示。旋钮1和旋钮2一样，可以互换。

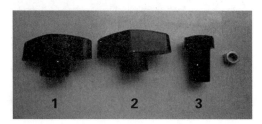

3 把磁性底座旋钮旋到ON位置，使磁性底座吸在工作台的钢槽上。

提示：

注意V形槽口面朝下。

4 在磁性底座右侧的螺纹杆上装上连接件1。

提示：

注意连接件1有开槽的孔套入磁性底座的螺纹杆上。

5 把立柱与连接件1连接好。

提示：

立柱套入连接件1的孔中，要求垂直安装，立柱密封的一端朝下。

6 在连接件的右侧装上一片大的垫片。

提示：

垫片不能漏装，否则立柱固定不稳，容易滑动。

7 装上旋钮1并旋紧。

提示：

旋紧时用力不要太大，以免损坏旋钮。

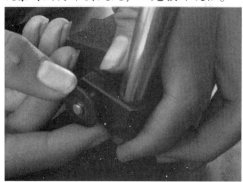

8 把连接件2和连接件3相互套装在一起，注意孔要完全对齐。

9 把横杆装入连接2与连接件3组装后的孔内。

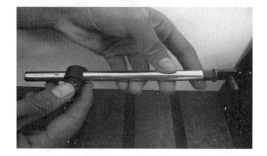

任务12　百分表与磁性表座

把连接件4装在连接件3的螺纹端。

提示:

注意连接件4有开槽的孔套入。

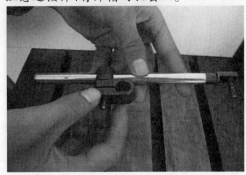

 把立柱套入连接件4内,把立柱和横杆连接在一起。

提示:

注意保证立柱与横杆是相互垂直的,横杆螺纹端朝向右边,不要朝上,这样便于安装百分表。

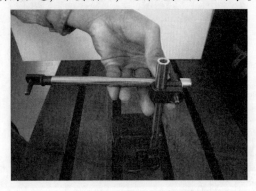

 在连接件4的右侧装上一个大垫片。

提示:

垫片不能漏装,否则横杆固定不稳,容易滑动。

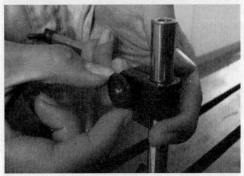

 装上旋钮2并旋紧。

提示:

旋紧时用力不要太大,以免损坏旋钮。

14 在横杆的螺纹端装上一个小垫片。

 小垫片右侧装上连接件5。

提示:

注意连接件5有开槽的孔套入横杆的螺纹端,保证连接件5孔的位置水平,便于安装百分表。

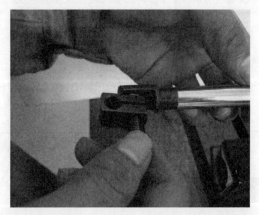

16 连接件5右侧再装上一块小垫片。

装上旋钮3并旋紧。

提示：

（1）旋紧时用力不要太大，以免损坏旋钮。

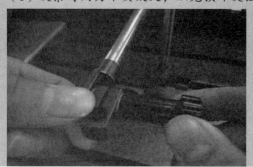

（2）考虑到曲轴圆跳动量的检测中曲轴主轴颈宽度比较小，安装旋钮3后不能正常检测，因此在本任务中可以用螺母来替代旋钮3。

 完成磁性表座的安装。

提示：

注意连接件5和旋钮2的正确安装，便于夹装和调整百分表。

🌲 第五步　安装百分表

 打开百分表盒，取出百分表。

提示：

（1）按照盖上箭头所指方向滑动后打开。
（2）百分表要轻拿轻放，避免掉落或撞击。

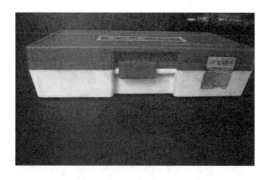

 把百分表放入连接件5的孔中。

提示：

如果百分表放入时感觉较紧，可适当旋松螺母，便于放入百分表。

 旋紧螺母，把百分表夹装牢固。

提示：

（1）旋紧时用力不要太大，以免损坏百分表。
（2）保证百分表与横杆垂直。
（3）夹装位置必须是百分表测杆座位置，以百分表测杆座的圆柱部分下沿刚好与连接件5的下端平齐为好。否则容易损坏百分表测头。

4 组装好百分表和磁性表座。

提示:

（1）再一次检查各旋钮的旋紧程度，不要有滑动的现象，特别是百分表的位置。

（2）把磁性底座旋钮转至OFF挡，把组装好的百分表和磁性表座移到工作台的内侧，便于放置曲轴。再把磁性底座旋钮转至ON挡，固定好百分表和磁性表座，移动时注意保护百分表。

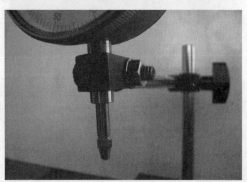

第六步　测量曲轴的圆跳动量

 把V形块放置到钢槽上。

提示:

（1）保证V形块完全垂直放入钢槽内，两块V形块最低点对准，高度一致。

（2）两块V形块之间的距离根据曲轴的长度调整到合适尺寸，便于放置曲轴。

 把曲轴放在V形块上。

提示:

（1）双手要握在曲轴的两端，不要握在主轴颈的位置，否则放到V形块上时容易压伤手指。

（2）保证曲轴水平放置，不要倾斜，否则会影响测量结果。

 把磁性底座旋钮转至OFF挡，移动磁性底座，把组装好的百分表移动到曲轴中间主轴颈的位置，再把磁性底座转至ON挡进行固定。

提示:

移动的过程注意用手拿住百分表，避免百分表受损。

调整磁性表座连接件，使百分表测头抵住曲轴中间主轴颈中心位置的径向最高点位置，并对百分表预压（量程的1/3左右），即百分表小指针指向3。

提示：

（1）调好后，百分表的调整螺母必须锁紧，否则会因为百分表的松动影响到测量结果；测头必须垂直于曲轴的轴线，抵住曲轴中间主轴颈中心位置的径向最高点的位置，并要对百分表进行预压。

（2）调整时可旋动旋钮2，通过调整横杆位置来调整百分表测头与曲轴中间主轴颈工作表面的距离，使百分表的小指针预压3格。调整好后拧紧旋钮，拧紧就好，不要太用力以免损坏旋钮。此操作过程需要耐心和细心。

 用大拇指和食指轻轻转动百分表表盘，使大指针对准表盘的0刻度线。

提示：

（1）因为百分表比较灵敏，在大指针对0时要求细心和耐心，保证大指针完全对准，如有同组同学一起操作时要尽量减少相互之间的干扰。

（2）向上轻微拉动百分表的测量杆，核实指针零位的准确性，否则重新转动表盘调整。

 双手慢慢转动曲轴一圈，一边转动一边仔细观察百分表大指针的偏转。

提示：

眼睛必须与百分表平视。

7 读数。若百分表大指针逆时针偏离0刻度线最大位置是转过1格，而百分表大指针顺时针偏离0刻度线最大位置是转过2格，则曲轴的圆跳动量为：$(1+2) \times 0.01 = 0.03$ mm。

提示：

（1）百分表比较灵敏，在读数时曲轴要慢慢连续转动，要仔细观察。否则指针摆动较快，不容易读数。

（2）大指针逆时针偏离的最大位置和大指针顺时针偏离的最大位置一定要找准确。

读取测量值后,要求学生在任务工作页上正确记录数据。

提示:

记录数据时要注意测量的精度,并写上单位。

9 根据标准判断曲轴是否需要修理。曲轴最大圆跳动量允许为0.06 mm。所测数据为0.03 mm,所以该曲轴未超过允许范围,不需要修理,可以继续使用。

🌲 第七步　拆卸百分表与磁性表座

 旋动旋钮,扳动横杆使百分表抬高位置(超过曲轴的高度),再次拧紧旋钮,拧松百分表固定螺母,拿下百分表,清洁后放入盒内。

提示:

(1)调整百分表的位置便于拿下百分表,否则容易损坏百分表。
(2)百分表拿下的时候要轻拿轻放。

 把磁性底座旋钮转至OFF挡,移动磁性底座至垫板上,再把磁性底座旋钮转至ON挡固定好磁性底座,以先装后拆的顺序把磁性表座分解,依次把各组成零件清洁后放入盒内。

提示:

分解过程中零件要轻拿轻放,注意不要使零件掉落,特别是垫片。

🌲 第八步　清洁和整理

 取下曲轴,清洁后放回工作台上的零件架内。

提示:

取下时双手要紧握曲轴的两端,抬起一定的高度,不要使V形块翻倒。

2 从钢槽上取下两块V形块，清洁后放回工作台的工量具架内。

3 为防止生锈，百分表使用后需清洁，并涂上一层防锈油，并放回盒内。

提示：

上油的重点位置是百分表的测头位置。

4 再一次检查磁性表座的零件有无缺少（共15件），清洁后放回盒内。

提示：

（1）磁性表座的旋转开关转至OFF挡。

（2）磁性表座放置、横杆和立柱的放置位置要注意，避免盖不上。

5 清洁整理好工作台。

七 考核标准

百分表使用考核标准表

考核时间	序号	项 目	配分	评 分 标 准	得分
20min	1	着装规范	2	酌情扣分	
	2	检查量具、工件是否齐全	2	未检查扣2分	
	3	清洁工作台	2	未清洁扣2分	
	4	清洁曲轴	2	未清洁扣2分	
	5	清洁百分表	2	未清洁扣2分	
	6	清洁磁性表座各零件	2	未清洁扣2分	
	7	清洁V形块	2	未清洁扣2分	
	8	检查曲轴	2	未检查扣2分	
	9	检查百分表	2	未检查扣2分	
	10	检查磁性表座零件	2	未检查扣2分	
	11	检查磁性底座	2	未检查扣2分	
	12	检查V形块	2	未检查扣2分	
	13	磁性表座安装顺序	6	每安装错误一次扣1分	
	14	磁性表座安装熟练程度	3	安装不熟练扣3分	

续上表

考核时间	序号	项 目	配分	评 分 标 准	得分
20min	15	垫片的安装	4	垫片安装错误每次扣1分	
	16	横杆与立柱的位置调整	2	未调整扣2分，不到位扣1分	
	17	连接件5的安装方向	2	未调整扣2分，不到位扣1分	
	18	百分表的安装	3	安装错误扣3分	
	19	V形块的安装	2	安装错误扣2分	
	20	曲轴的安装	2	安装错误扣2分	
	21	百分表测头位置调整	2	测头位置调整不对扣2分	
	22	百分表小指针对0	5	小指针未对0扣5分，不到位扣3分	
	23	百分表大指针对1	5	大指针未对1扣5分，不到位扣3分	
	24	读数	8	读数错误扣8分	
	25	数据记录	2	数据记录错误扣2分	
	26	数据分析	6	标准不写扣3分，数据没有分析扣3分	
	27	拆下百分表	2	操作不当扣2分	
	28	分解磁性表座	3	操作不当扣3分	
	29	清洁整理曲轴	2	未清洁扣1分，未整理扣1分	
	30	清洁整理V形块	2	未清洁扣1分，未整理扣1分	
	31	清洁整理百分表并上油	3	未上油扣1分，未清洁扣1分，未整理扣1分	
	32	清洁整理检查磁性表座	2	未清洁整理扣1分，未检查扣1分	
	33	整理工作台	2	未清洁扣1分，未整理扣1分	
	34	安全操作	8	零件跌落扣2分/次，量具损坏扣2分/次，扣完为止	
	35	其他		每超时1min扣2分，超时5min终止考试	
	36	因违规操作造成人身和设备事故的，总分按0分计			
	分数合计		100		

任务13 量缸表

一、任务说明

1. 量缸表在汽车维修过程中的作用

量缸表也叫内径百分表,如图13-1所示,是利用百分表制成的测量仪器,用于测量孔径的比较性测量,在汽车维修中通常用于测量汽车发动机汽缸的磨损量及内径。汽缸是发动机的重要组成部分,汽缸磨损程度,是正确判定发动机是否应当大修的重要技术依据之一。当发动机汽缸磨损达到一定程度后,发动机的动力性和燃油经济性明显下降,润滑油消耗也急剧增大,因此,通过测量汽缸磨损状况,正确做出发动机是否应当大修的准确判断,对提高发动机修理质量以及发动机的动力性和经济性都有很大的作用。

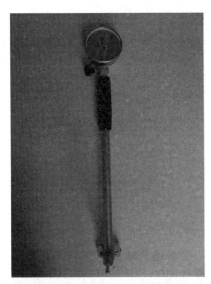

图13-1 量缸表

2. 量缸表的结构

量缸表主要由百分表、表杆、替换杆件和替换杆件紧固螺母组成。它是一种比较性测量仪表,测量精度为0.01mm。

3. 汽缸磨损的特点和原因

汽缸的磨损是不均匀的,正常磨损的特点是:沿汽缸轴向呈上大下小的不规则锥形磨损,在第一道活塞环上止点顶边稍下处磨损量最大,而活塞环上止点以上的缸壁几乎没有磨损,因此在两者之间形成一个明显的台阶(孔肩),又称缸肩,如图13-2所示。某些情况下最大磨损可能发生在汽缸的中部。沿汽缸径向截面,一般磨损成为形状不规则的椭圆形,一般是前后或左右方向磨损最大。同一台发动机各个汽缸的磨损程度也不一致,通常位于发动机两端的汽缸,因其冷却强度大,磨损量往往比中部的汽缸略大。

图13-2 汽缸磨损情况

导致汽缸锥形磨损的主要原因是:活塞环作用于汽缸壁上的压力,从下到上由小变大;汽缸壁润滑条件从上到下逐渐恶劣;汽缸上壁的油膜易被烧损,暴露的汽缸壁被燃料燃烧生成有机酸腐蚀;空气中带入的尘粒较多地沉积在汽缸上壁,形成磨料磨削作用。

导致汽缸椭圆形磨损的主要原因是:活塞在压缩和做功行程中,连杆受力在汽缸径向的分力使活塞紧压发动机横向截面,由于压缩和做功时连杆受力大小不同,使汽缸壁左右磨损不均匀;离合器分离操作时,作用在曲轴上的轴向力使曲轴向前窜动,连杆在曲轴轴向的弯曲变形使活塞沿发动机纵向贴靠汽缸的前后壁,该方向造成偏磨;装配质量的影响,曲柄连杆机构组装时,不符合装配技术要求而造成汽缸的偏磨现象;发动机结构也影响汽缸形成椭圆形,如面对进气流的缸壁,受气流中尘埃、燃油雾粒沉积和冷却作用,磨损相对严重些。

4 汽缸磨损的检修

用量缸表测量发动机汽缸的磨损程度一般用圆度和圆柱度两个指标来衡量。在汽缸孔径同一断面内测量的最大直径和最小直径差值的一半，叫圆度误差；在汽缸轴线方向三个测量断面上测量到的最大直径和最小直径差值的一半，叫圆柱度误差。测量汽缸磨损时，必须测量包括汽缸最大磨损断面在内的活塞全行程内的上（如图13-3中截面①）、中（如图13-3中截面②）、下（如图13-3中截面③）三个断面；每个断面必须测量发动机横向（A向）和纵向（B向）两个直径，才能正确地测量出汽缸的最大磨损量以及圆度和圆柱度误差，然后根据汽缸的磨损程度，确定发动机是否需要进行大修，并确定出汽缸修理尺寸的级别。

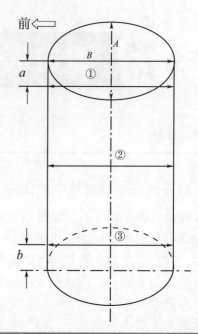

图13-3 汽缸磨损规律分析

二 实训时间 120min ★★★

三 实训教学目标

（1）掌握千分尺的调零及读数方法；
（2）掌握量缸表的组装方法；
（3）掌握使用量缸表测量汽缸内径的正确步骤；
（4）掌握汽缸圆度、圆柱度的计算方法以及按照技术标准进行判断分析的方法。

四 实训器材

1 工、量具准备

游标卡尺（0～150mm）

外径千分尺

量缸表

24mm梅花扳手、内六角扳手、清洁布若干

自制汽缸体

2 工件准备

工件说明：进行本任务操作时，因汽缸体比较笨重，学生操作时搬动比较麻烦，而且采用发动机分解后所得的缸体数量有限，若每个学生一个缸体，投入成本比较大，因此采用了自制的教具替代发动机的汽缸体，该教具主要由单缸的汽缸体和专用夹具两部分组成。汽缸直径参照2000桑塔纳的标准汽缸直径（81.01mm）。进行汽缸直径测量时把活塞、曲轴已经拆去。支架的作用是把单缸汽缸体固定到多功能工作台的钢槽上。

五 教学组织

1 教学组织形式

此实训教学任务为实训操作课，1名实训教师，22名学生，实验室共有11张多功能工作台，每张工作台左右2个工位，每个工位都有一套实训设备，每个工位1名学生独立进行操作。

2 学生的站位分工和要求

学生按规定的工位站立，按教师的指令同时独立进行操作。

3 实训教师职责

确定每位学生的工位；讲解实训任务的操作步骤和相关的注意事项，并进行示范操作；组织学生进行操作；巡视、检查、指导和纠正学生操作中的错误；课堂总结；组织学生对实验室进行清洁整理。

4 学生职责

认真听取教师的讲解，做好课堂笔记，观察教师的示范操作，独立完成实训任务，注意操作的规范性和安全性，自我总结，完成作业表，做好课后的清洁整理工作。

六 操作步骤

第一步 安装自制汽缸体

1 用24mm梅花扳手把支架安装在工作台上的钢槽上。

提示：

两个支架间的距离要根据缸体的距离调整好。

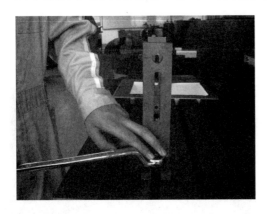

2 把缸体安装到支架上，调整好两端与支架的距离。

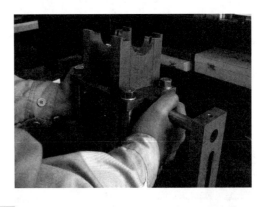

3 用内六角扳手拧紧两端螺栓固定好缸体。

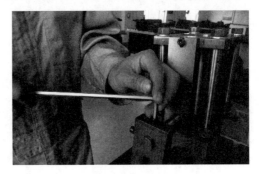

保证缸体垂直放置。

第二步 清 洁

1 清洁工作台（要求同前）。

2 清洁汽缸。用沾过煤油或柴油的抹布，对所要测量的汽缸壁进行清洁。

缸体一定要摆放平稳。

第三步 用游标卡尺初步测量汽缸直径

1 清洁游标卡尺。清洁时主要是用干净的抹布轻轻擦拭游标卡尺的上量爪和游标尺的位置。

2 游标卡尺校零。当量爪密切结合后，主副尺零点必须相互对准为好。这时测量误差为0。

如果不对准，可以采用误差法读数，记录下测量误差。

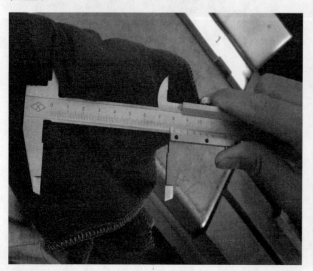

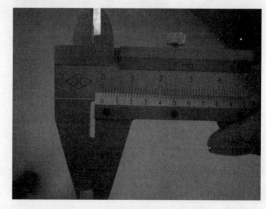

用游标卡尺测量汽缸口处的直径。

提示：

测量时游标卡尺必须与汽缸平面垂直，当卡尺的两个内量爪贴近汽缸壁时主尺内量爪保持不动，副尺内量爪应前后作轻轻晃动，以取得测量时的最大直径；然后将卡尺的锁紧螺母拧紧后进行读数。

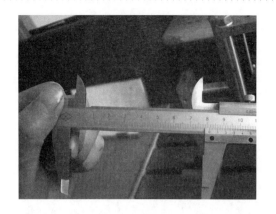

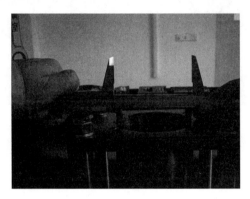

 清洁游标卡尺并放回盒内。

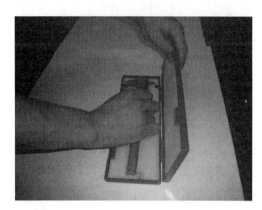

4 读取数据，测量缸径后获得标准尺寸，使用这些长度作为选择合适杆件的参考。

🌲 第四步 用外径千分尺量取汽缸标准直径

1 清洁外径千分尺。清洁时主要是用干净的抹布轻轻擦拭千分尺测砧与测微螺杆测量面。

提示：

（1）千万不能用坚硬或者粗糙的东西接触千分尺测砧与测微螺杆测量面。若测砧与测微螺杆的测量面粘有脏物会引起测量误差，导致测量结果失真。

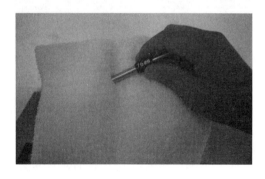

 拿取外径千分尺，并夹持在台虎钳上。

提示：

在台虎钳的钳口处垫上木块，或者是抹布，防止损坏千分尺。

（2）清洁校量棒。

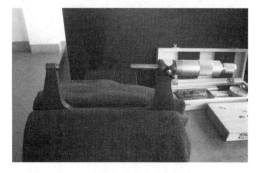

3 进行外径千分尺校零。

校量棒要放平放稳，否则校零不准确。

4 根据量取的汽缸直径尺寸，把千分尺调到所测汽缸标准直径尺寸。

第五步　组装量缸表

1 清洁量缸表。清洁量缸表的各组成零件，重点清洁测头的位置和百分表的测头。

2 根据所测汽缸直径，选择合适的测量接杆（螺旋杆调整式）。

（1）所选测量接杆长度比缸径大0.5～1.0mm。

（2）量缸表的杆件有两种，一种是垫片调整式，还有一种是螺旋杆调整式。

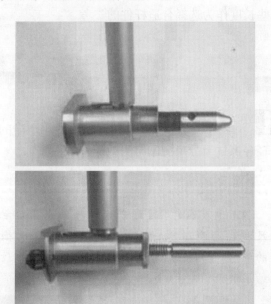

3 在测量接杆上装上两个紧固螺母，注意两个紧固螺母之间分开一定距离，暂不拧紧紧固螺母。

4 把装好紧固螺母的测量连杆装在支架上。

5 拿去支架上的保护套。

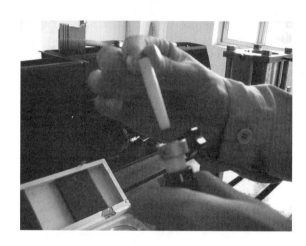

6 拿出百分表，拿去测头上的保护套，检查百分表指针摆动和表盘转动是否灵活。

7 把百分表插入表杆上部，预压后固定。

（1）为了便于读数，百分表表盘方向应与接杆方向平行或垂直。

（2）装上百分表时要进行预压（0.5~1mm）。

8 组装好后对量缸表进行简单的检查，并再次清洁测量头。

使用量缸表，一手拿住隔热套，另一只手托住管子下部靠近本体的地方。按压活动测量杆，再次检查百分表指针摆动是否灵活。

第六步 量缸表调零

1 将装好的量缸表放入千分尺。

提示：

使前后测头分别顶住外径千分尺前后测砧中央，并保证量缸表垂直位置。

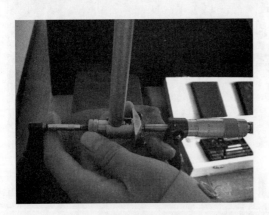

2 稍微旋动接杆，使量缸表小指针预压1mm。

3 用右手大拇指轻轻转动百分表的表盘，使大指针对零，然后扭紧接杆的固定螺母。为使测量正确，重复校零一次。校零时应前后和左右轻微摆动表杆，确保大指针顺时针转动的最大位置与表盘上的零刻度线对齐。

第七步 测量汽缸直径

1 测量垂直于曲轴轴线方向的汽缸上部直径。将内径百分表的测杆伸入到汽缸上部，对准第一道活塞环下边沿在上止点位置时所对应的汽缸壁位置（不同车型有所不同，2000桑塔纳约距汽缸上端平面10 mm的位置）。先测量垂直于曲轴轴线方向的汽缸直径。

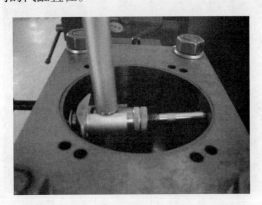

提示：

（1）在测量汽缸直径时，要先将导向轮端倾斜使其先进入汽缸，然后再使测量接杆端进入，并贴着缸壁摆动表杆直到量缸表的测量杆与汽缸轴线成直角。

（2）测量时一定要慢慢将测量端放入缸体，当测量端放不进汽缸时千万不要硬放，否则会损坏量缸表。

（3）导向轮的两个支脚要和汽缸壁紧密配合。

读取量缸表数值。量缸表放入汽缸后,轻轻前后摆动量缸表,使得指针顺时针偏转最大值时,即量缸表与汽缸真正成直角时,读取其数值。

提示:

(1)读数时眼睛和表面需在同一水平面上。

(2)测量时,使量缸表的活动测杆同汽缸轴线保持垂直,才能使测量准确。

(3)测量时,当表针顺时针方向离开"0"位,表示实际缸径小于标准缸径,实际缸径是标准缸径与表针离开"0"位格数之差;若表针逆时针方向离开"0"位,表示实际缸径大于标准缸径,实际缸径是标准缸径与表针离开"0"位格数之和。若测量时,小针移动超过1mm,则应在实际测量值中加上或减去1mm。

例:量缸表校零时,大指针对零(标准缸径为81.01mm)。

缸径测量时若大指针逆时针方向偏转4格,这时读数为81.01+0.04=81.05mm,即所测汽缸直径为81.05mm。

缸径测量时若大指针顺时针方向偏转2格,这时读数为81.01−0.02=80.99mm,即所测汽缸直径为80.99mm。

 正确记录下读取的数据。注意单位和有效位数,并字迹清楚。

提示:

单位是mm,有效位数为小数点后三位。

4 测量水平于曲轴轴线方向的汽缸上部直径,并记录数据,方法同前。

提示:

量缸表拿出或放入汽缸时,禁止拖擦量缸表的测头。

5 将内径百分表下移,用同样方法测量汽缸中部(上下止点中间处)垂直于曲轴轴线方向的汽缸直径,并记录数据,方法同前。

6 将内径百分表下移,用同样方法测量汽缸中部(上下止点中间处)水平于曲轴轴线方向的汽缸直径,并记录数据,方法同前。

7 将内径百分表下移,用同样方法测量汽缸下部垂直于曲轴轴线方向的汽缸直径,即测量最后一道活塞环下止点位置以下的汽缸壁位置(不同车型位置有所不同,2000桑塔纳约距汽缸下边缘10mm左右处),测量后记录数据。方法同前。

8 将内径百分表下移,用同样方法测量汽缸下部的水平于曲轴轴线方向的汽缸直径,注意记录测量数据,方法同前。

9 计算各缸的圆度(同一平面位置横向直径减去纵向直径再除以2);计算各缸的圆柱度(不同截面最大的减去最小的再除以2)。

(单位: mm)

10 根据计算出的圆度、圆柱度及最大磨损量,最后确定发动机是否应当大修,并确定汽缸修理尺寸及修理级别。

提示:

(1)丰田8A发动机的汽缸磨损允许使用限度是:最大圆度误差为0.025mm;最大圆柱度误差也为0.025mm。

(2)汽缸修理尺寸可按下式进行计算:修理尺寸=汽缸最大磨损直径+镗磨余量(镗磨余量一般取0.10~0.20mm)。计算出的修理尺寸应与修理级数相对照,若与某一修理级数相等,可按某级数修理;若与修理级数不相符,应按向上靠近大的修理级数进行汽缸的修理。

汽缸号	位置号	直径1(纵向)	直径2(横向)	圆度	圆柱度
1	位置1(上部)				
	位置2(中部)				
	位置3(下部)				
2	位置1(上部)				
	位置2(中部)				
	位置3(下部)				
3	位置1(上部)				
	位置2(中部)				
	位置3(下部)				
4	位置1(上部)				
	位置2(中部)				
	位置3(下部)				

处理结果:

第八步 整理

1 清洁量缸表,并上好防锈油,整理后放回盒内。

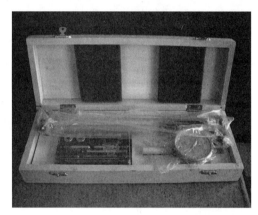

2 从台虎钳上拿下外径千分尺。

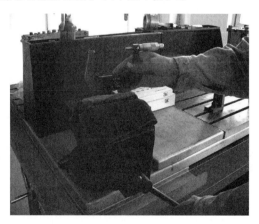

3 清洁外径千分尺后,上好防锈油,整理后放回盒内。

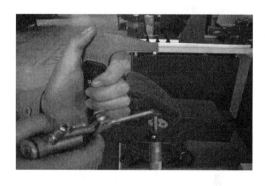

4 清洁游标卡尺后,上好防锈油,整理后放回盒内。

5 清洁整理好工作台。

七 考核标准

量缸表使用考核标准表

考核时间	序号	项　　目	配分	评 分 标 准	得分
20min	1	着装规范	2	酌情扣分	
	2	检查量具、工件是否齐全	2	未检查扣2分	
	3	正确安装好汽缸体	2	工具使用不正确每次扣1分，扣完为止	
	4	清洁工作台	2	未清洁扣2分	
	5	清洁汽缸体	2	未清洁扣2分	
	6	清洁游标卡尺	2	未清洁扣2分	
	7	游标卡尺校零	2	未校零扣2分	
	8	清洁缸体被测量部位	2	未清洁扣2分	
	9	用游标卡尺测量汽缸直径的基本尺寸	2	未测量扣2分	
	10	清洁外径千分尺	2	未清洁扣2分	
	11	外径千分尺校零	2	未校零扣2分	
	12	按基本尺寸确定内径百分表的定位基准尺寸	2	基准尺寸确定不正确扣2分	
	13	清洁量缸表	2	未清洁扣2分	
	14	正确选择测量杆	2	选择不正确扣2分	
	15	正确组装内径百分表	4	每组装一处不正确扣1分	
	16	内径百分表小指针正确预压	2	预压不正确扣2分	
	17	内径百分表大指针对零	2	大指针不对零扣2分	
	18	清洁测量头	2	未清洁扣2分	
	19	清洁缸体被测量部位	2	未清洁扣2分	
	20	正确把量缸表放入汽缸内	2	放入不正确扣2分	
	21	正确选择测量位置（上、中、下）和方向（纵向、横向）	12	24个点每错一点扣0.5分	
	22	读值（每缸三位置两方向6个数据）	18	每个数据有错误扣3分	
	23	圆度和圆柱度计算（数据和计算值填入附表）	6	每错1点扣0.5分，扣完为止	
	24	清洁整理量缸表	2	未清洁扣1分，未整理扣1分	
	25	清洁外径千分尺	2	未清洁扣2分	
	26	外径千分尺上油	2	未上油扣2分	
	27	清洁游标卡尺	2	未清洁扣2分	
	28	游标卡尺上油	2	未上油扣2分	
	29	整理工作台	2	未清洁扣1分，未整理扣1分	
	30	安全操作	10	零件跌落扣2分/次，量具损坏扣2分/次，扣完为止	
	31	其他		每超时1min扣2分，超时5min终止考试	
	32	因违规操作造成人身和设备事故的，总分按0分计			
		分数合计	100		

任务 14 装配钳工（一）

一、任务说明

（一）装配的基本知识

零件的技术状况，与拆装的质量有很大的关系。由于装配不良，往往使零件与零件之间不能保持正确的位置及配合关系；因为拆卸不当，造成零件不应有的损坏。这样不仅浪费维修时间，而且直接影响修理的质量，增加成本，缩短汽车的使用寿命。

拆卸的目的是为了检查和修理汽车的零部件，以便对需要维修、保养的汽车总成进行维修保养，或对有老化的零件进行修复或更换，使配合关系失常的零件经过维修调整达到规定的技术标准。拆卸应遵循以下原则。

❶ 掌握零件的结构及工作原理

若不了解零件的结构和特点，拆卸时不按规定任意拆卸、敲击或撬打，均会造成零件的变形或损坏。因此必须了解零件的结构和工作原理，这是确保正确拆卸的前提。

❷ 按需要进行拆卸

零部件经过拆卸，容易产生变形和损坏，特别是过盈配合件更是如此。不必要的拆卸不仅会降低零件的使用寿命，而且会增加修理成本，延长修理工期。因此，应防止盲目的大拆大卸。不拆卸检查就可以判定零件的技术状况时，则尽量不予拆卸，以免损坏零件。

❸ 掌握正确的拆卸方法

（1）使用相应的工具和设备。为提高拆卸工效，减少零部件的损伤和变形，应使用相应的专用工具和设备，严禁任意敲击和撬打。如在拆卸过盈配合件时，尽量使用压力机和顶拔器；拆卸螺栓联接件时，要选用适当的工具，依据螺栓紧固的力矩大小优先选用套筒扳手、梅花扳手和固定扳手，尽量避免使用活扳手和手钳，防止损坏螺母和螺栓的六角边棱，给下次的拆卸带来不必要的麻烦。另外应充分利用配备的拆卸专用工具。

（2）由表及里按顺序逐级拆卸。如一般先拆外部线路、管路、附件等，然后按机器—总成—部件—组合件—零件的顺序进行拆卸。

❹ 拆卸时应考虑装配过程，做好装配准备工作

（1）拆卸时要注意检查校对装配标记。为了保证一些组合件的装配关系，在拆卸时应对原有的记号加以校对和辨认，没有记号或标记不清的应重新检查做好标记。有的组合件是分组选配的配合副，或是在装合后加工的不可互换的组合件，如轴承盖、连杆盖等，它们都是与相应合件一起加工的，均为不可互换的组件，必须做好装配标记，否则将会破坏它们的装配关系及动平衡。

（2）按分类、顺序摆放零件。为了便于清洗、检查和装配，零件应按不同的要求分类顺序摆放，否则，零件胡乱堆放在一起，不仅容易相互撞伤，而且会在装配时造成错装或找不到零件的麻烦。

为此，应按零件的大小和精度归类存放，同一总成、部件的零件应集中在一起放置，不可互换的零件应成对放置，易变形、丢失的零件应专门放置。

❺ 装配后的检查与调整

零件装配后，还应按照相关的技术要求进行检查与调整，如果在实际使用中发现问题，还需要再次进行检查与调整。

❻ 拆卸和装配作业注意事项

（1）在操作前要确保场地的安全。

（2）组装时，必须做好清洁工作，尤其是重要的配合表面、油道等，要用压缩空气吹净。

（3）每次拆卸零件时，应观察零件的装配状况，看是否有变形、损坏、磨损或划痕等现象，为修理提供依据。

（4）对于结构复杂的组件和总成，以及初

次拆卸的零件，要在非工作面的适当位置打上记号，以便组装时将其安装到原来的位置。

（5）对有较高配合要求的零件，如汽车发动机中的主轴承盖、连杆轴承盖、气门、柴油机的高压油泵柱塞等，必须做好记号。组装时，按记号装回原位，不能互换。

（6）零件装配时，必须符合相关的技术要求，包括规定的间隙、紧固力矩等。

（7）为了提高工作效率和保证精度质量，要尽可能使用专用维修工具。操作时禁止吸烟，注意远离火源。

（二）工件介绍

进行本任务操作时，因汽缸体比较笨重，学生操作时搬动比较麻烦，而且采用发动机分解后所得的缸体一方面数量有限，第二方面反复拆装容易使汽缸体加快报废，若每个学生一个缸体，投入成本比较大，因此在进行装配钳工任务训练时，充分利用了学校的机械加工设备，同时考虑相应的教学内容，我们自行设计了单缸活塞连杆组的教具，如图14-1所示。采用了自制的教具替代发动机的汽缸体，该教具主要由单缸的汽缸体和专用夹具两部分组成。教具主要包括两部分，单缸汽缸体和一对夹具。夹具上端通过销把单缸汽缸体固定，夹具的下端通过螺栓、螺母把夹具固定在钢槽上。单缸汽缸体通过两端的轴与夹具上的孔配合，并用销进行固定。单缸汽缸体模拟汽车发动机中的汽缸制作，主要包括缸体和一套完整活塞连杆组和曲轴，在曲轴的后端通过内六角扳手可以转动。

图14-1 自制汽缸体

二 实训时间 200min ★★★★★

（1）单缸活塞连杆组的分解 40min；
（2）汽缸与活塞配合间隙的检测 40min；
（3）检查活塞环侧隙与端隙 40min；
（4）曲轴连杆轴颈与轴瓦配合间隙的检测 40min；
（5）单缸活塞连杆组的装复 40min。

三 实训教学目标

（1）进一步提高学生对汽修常用工具的选用能力和正确使用能力；
（2）进一步提高学生对汽修常用量具的正确使用能力和综合使用能力；
（3）了解装配钳工的基本原则；
（4）掌握装配钳工一般的工艺流程。

四 实训器材

14mm套筒、棘轮扳手、预置式扭力扳手、指针式扭力扳手、活络动手、开口扳手、梅花扳手、内六角扳手、活塞环钳、活塞环卡箍、橡胶锤、外径千分尺（25～50mm）、塞尺（100mm）、塞尺（200mm）、量缸表、标准量规、游标卡尺、V形块。

自制单缸活塞连杆组与专用夹具

活塞连杆组

曲轴

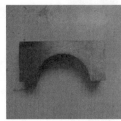
轴承盖

活塞环

轴瓦

五 教学组织

1 教学组织形式

此实训教学任务为实训操作课，1名实训教师，22名学生，实验室共有11张多功能工作台，每张工作台左右2个工位，每个工位都配有一套实训器材，每个工位1名学生独立进行操作。

2 学生的站位分工和要求

学生按规定的工位站立，按教师的指令同时独立进行操作。

3 实训教师职责

确定每位学生的工位；讲解实训任务的操作步骤和相关的注意事项，并进行示范操作；组织学生进行操作；巡视、检查、指导和纠正学生操作中的错误；课堂总结；组织学生对实验室进行清洁整理。

4 学生职责

认真听取教师的讲解，做好课堂笔记，观察教师的示范操作，独立完成实训任务，注意操作的规范性和安全性，自我总结，完成作业工作表，做好课后的清洁整理工作。

六 操作步骤

（一）单缸活塞连杆组的分解

1 转动汽缸体使连杆大头朝上。

2 选用10mm套筒、扭力扳手，把连杆螺母拧松。

3 选用10mm套筒、大棘轮扳手卸下连杆螺母。

提示:

选用棘轮扳手可以快速卸下连杆螺母。

4 徒手拧下连杆螺母。

5 取下连杆轴承盖。

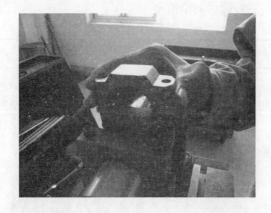

6 取下轴瓦,将连杆轴承盖、连杆螺母、轴瓦放在工作台上。

提示:

注意按照装配的顺序进行连杆轴承盖与连杆螺母的放置。

7 转动汽缸体至水平位置,然后用两端的定位销进行固定。

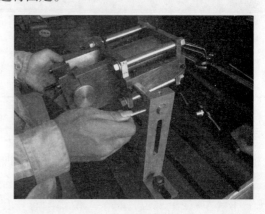

8 选用木槌,一手托住连杆头,一手用锤柄轻轻敲击连杆大头,直至活塞伸出汽缸。

9 用手将活塞连杆从汽缸内取出。

10 取下连杆轴瓦,将连杆盖及螺母装回连杆,视连杆有无记号:(有)按记号方向装上轴承盖,(无)需作好原先位置的记号。

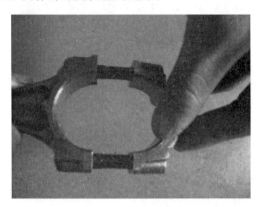

11 选用活塞环拆装钳(见专用工具)。

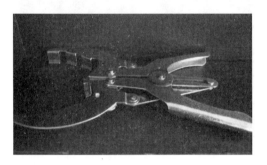

12 使用活塞环拆装钳拆下第一道气环。

13 使用活塞环拆装钳拆下第二道气环。

14 用手拆下上刮油环。

 提示:

用手拆卸刮油环时,不能用力过大,防止折断刮油环。

15 用手拆下下刮油环。

 提示:

用手拆卸刮油环时,不能用力过大,防止折断刮油环。

16 用手拆下衬簧。

 提示:

用手拆卸衬簧时,不能用力过大,防止折断油环弹簧。

转动汽缸体使曲轴朝上,并进行固定。

提示:

可先用销固定一下方位,再用螺栓拧紧固定。

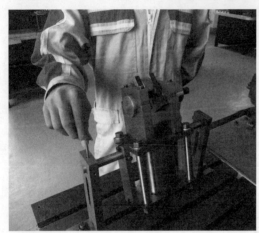

 选用合适尺寸的内六角扳手拆卸曲轴轴承盖螺栓。

提示:

由于是自制设备,因此没有设置大的扭矩,可直接用内六角扳手拆下。

19 用手取下曲轴轴承盖螺栓。

20 用手将轴承盖取下。

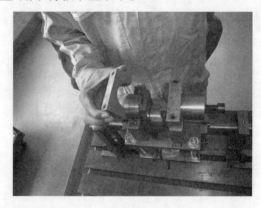

21 拆下轴瓦。

 将轴承盖螺栓放入轴承盖。

提示:

不要把上下螺栓位置弄错。

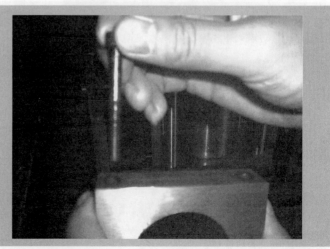

23 用同样的方法拆下另一个曲轴的轴承盖螺栓和轴承盖。

24 双手取下曲轴。

25 拆下轴瓦,并将拆下的零件按顺序摆放整齐。

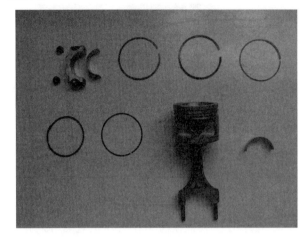

26 清洁整理好工量具和工作台。

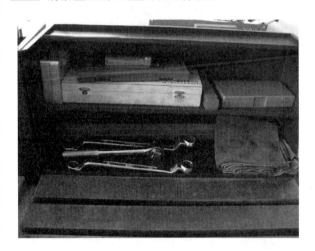

♣ (二) 汽缸与活塞配合间隙的检测

1 将活塞连杆放到台虎钳上并夹紧(详见专用工具活塞环拆装钳的使用)。

2 取出游标卡尺,校零,并调整到34mm处,再放回卡尺盒内。

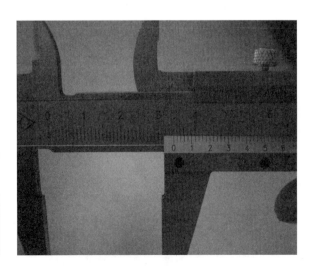

143

3 取出外径千分尺，清洁，校零（详见量具的使用）。

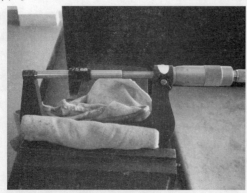

4 将千分尺放置在与销孔轴线垂直的方向距离活塞顶28.5mm处（通过游标卡尺确定）。

5 用外径千分尺测量活塞头部直径。

6 记录读数。

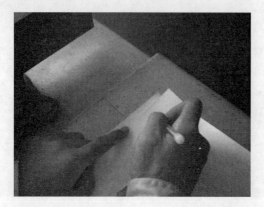

7 用量缸表量取汽缸的直径（参照量缸表的使用）。

8 记录汽缸的直径，取其中的最大值和最小值。

9 计算出汽缸与活塞的配合间隙。参照相关的技术标准进行判断，是否需要修理。

10 整理、清洁工量具和工作台。

（三）检查活塞环侧隙与端隙

1 清洁一号气环。

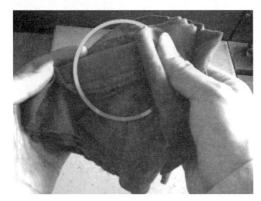

2 将一号气环放入一号活塞环槽并让其围绕环槽旋转一周。气环应能自由活动，既不松动又无阻滞现象。

3 选取塞尺，清洁。

4 选取小号塞尺0.04mm测量片放入活塞环槽内，检测是否能完全放入。

 提示：

（1）若能放入，说明环槽间隙大于4mm，接第6步。

（2）若不能放入则说明环槽小于尺4mm，接第8步。

5 清洁0.04mm测量片。

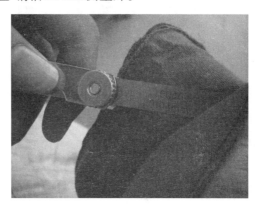

6 选取小号塞尺0.08mm测量片放入活塞环槽内，检测是否能完全放入。

 提示：

（1）若能放入，说明环槽间隙大于8mm，间隙不正常，应更换活塞。

（2）若不能放入则说明环槽间隙小于8mm，间隙正常。

7 清洁0.08mm测量片。

8 取出游标卡尺，清洁，校零（详见量具的使用）。

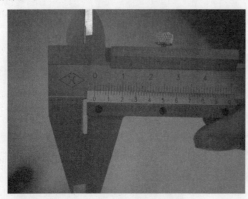

9 将游标卡尺固定到34mm处。

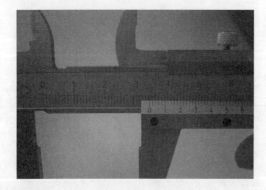

10 将第一道活塞环放入缸体内。

11 用未安装活塞环的活塞头部将活塞环推平到汽缸下部未磨损处。

12 用游标卡尺检查第一道活塞环达到指定的检测位置。

 提示：

推入活塞环到距汽缸体底面34mm处。

13 选用长塞尺检查第一道活塞环端隙。

 提示：

如果是整体发动机，若端隙超过最大值，则更换活塞环。如果使用新活塞环，端隙超过最大值，重新镗削所有4个汽缸或更换汽缸体。

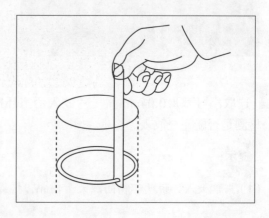

14 清洁塞尺和游标卡尺。

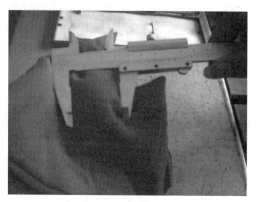

15 给塞尺涂机油润滑,并放回工具架。

16 清洁工作台。

♠ (四) 曲轴连杆轴径与轴瓦配合间隙的检测

 将V形块放置在工作台的钢槽上。

提示:

确保V形块水平放置,两端高低一致,否则会影响测量结果。

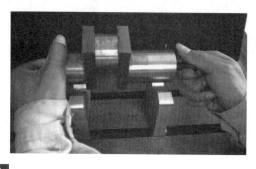

3 清洁连杆轴颈。

提示:

清洁部位为连杆轴颈的工作表面。若连杆轴颈的工作表面粘有脏物会引起测量误差,导致测量结果失真。

 将曲轴放到V形块上。

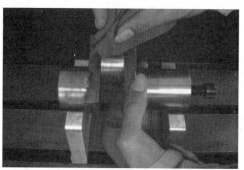

任务 14 装配钳工(一)

147

4 将曲轴平稳放置到汽缸体上,位置要对准。

5 按轴颈宽度截取塑料间隙规,在每道连杆轴颈的上方沿轴向放置塑料间隙规。

位置放置要正确。

6 清洁曲轴连杆轴承盖、轴瓦后将其安装到位。

提示:

清洁到位,将轴承盖装入到曲轴连杆轴颈上。

7 选用10mm专用长套筒、棘轮扳手组装后将轴承盖螺栓分2~3次拧紧。

8 选用13mm套筒、短接杆、预调式扭力扳手,组装调整后将曲轴轴承盖螺栓拧紧到规定力矩(13 N·m)。注意:不要转动曲轴。

从中间往两边进行拧紧。

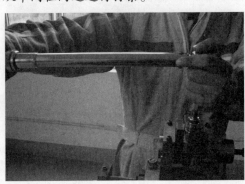

9 选用13mm套筒、短接杆、指针式扭力扳手,组装后旋松曲轴连杆轴承盖螺栓,拆下轴承盖。

10 用专用的塑料间隙测试纸检查曲轴与轴承盖之间的间隙。

(1)丰田8A发动机曲轴与连杆轴承盖的间隙标准值为0.02~0.051 mm;最大间隙值为0.08 mm。如果间隙超过最大值,更换零件。

(2)丰田专塑料间隙测试纸检查时注意要对

准间隙规最宽处。

11 记录检测的数据。

提示：

将测量出来的数据正确填写在表格上面。

12 清除塑料间隙规。

提示：

用清洗剂和布清除附着在曲轴轴颈上的塑料间隙规；

13 清洁工具，放回工具车原位。

▲（五）单缸汽缸体装复

1 清洁曲轴轴承座。

2 装上轴瓦。

3 给轴承座轴瓦工作面与曲轴加注润滑油。

4 安装曲轴。

任务 14 装配钳工（一）

5 安装好曲轴轴承盖的轴瓦，并在轴承工作面加注适量的润滑油。

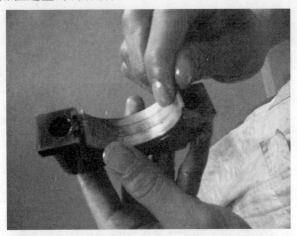

6 安装曲轴轴承盖。

对准轴承座螺纹孔与轴承底座螺纹孔。

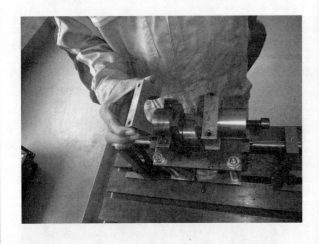

7 徒手安装轴承盖螺栓。

8 选用合适尺寸的内六角扳手拧紧曲轴轴承盖螺栓。

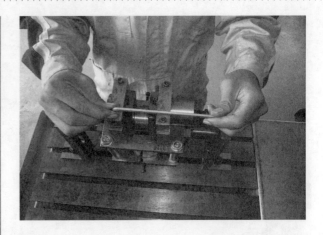

9 徒手安装衬簧。

10 徒手安装下刮油环，然后安装上刮油环。

活塞环的安装顺序由下至上，用手在装刮油环时应防止用力过大而折断刮油环。

11 使用活塞环拆装钳，将第二道气环装入活塞环槽内。用同样方法将第一道气环装入活塞环槽内。

（1）活塞环应平稳地放入活塞环拆装钳内。

使用活塞环拆装钳时应避免用力多大,应均匀地将活塞环张开。

(2)第二道和第一道气环装入时应辨明安装方向,活塞环侧有标记的一面应朝上安装。

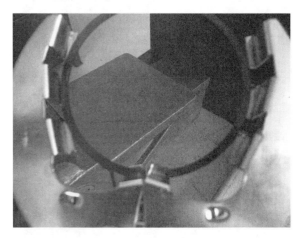

12 在环槽内涂抹适量润滑油。

13 用手转动活塞环,检查环在环槽内转动是否平滑。否则,应查明原因。

14 转动缸体,使缸体朝前。

 提示:

发动机平置,不仅便于活塞连杆组的安装,还能防止活塞连杆组滑落到地面上。

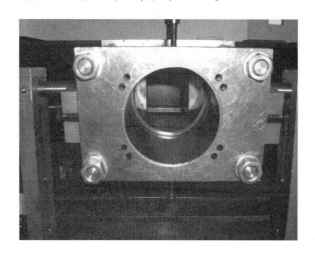

15 拆卸连杆固定螺母,取下连杆轴承盖,并放在工作盘上。

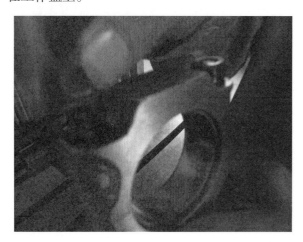

16 在连杆上轴承处装上轴瓦。

17 选用机油壶。

18 给轴瓦涂抹适量润滑油。

 提示：

涂抹润滑油的主要目的是改善发动机起动前配合副之间的润滑条件，以及加强汽缸的密封作用。

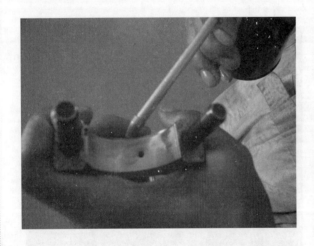

19 在活塞与活塞销处涂抹适量润滑油。

20 在连杆与活塞销处涂抹适量润滑油。

21 在活塞裙部涂抹适量润滑油，并用手指抹开。

22 在活塞环端口处涂抹适量润滑油，并调整活塞环开口位置。

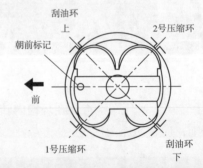

 提示：

（1）在各个活塞环端口涂抹润滑油后，用手转动各个活塞环，使活塞环与活塞环槽内都有润滑油。

（2）按下图调整活塞环开口位置。

 在汽缸内壁上均匀涂抹适量润滑油。

提示：

应将汽缸壁内的润滑油用手均匀地抹开，其主要目的是改善发动机起动前配合副之间的润滑条件，以及加强汽缸的密封作用。

提示：

使活塞顶部的朝前记号朝向皮带轮。

26 在确认活塞顶上的朝前标记后，将活塞连杆组放入汽缸内。如果活塞的方向装反，将会改变活塞连杆组在汽缸内的正常运动状态，以至加剧活塞、活塞环、汽缸壁的磨损。

24 检查汽缸的曲轴主轴颈是否处于下止点位置。

27 用活塞环压缩器将活塞连杆装入缸体内（详见专用工具活塞压缩器的使用）。

25 用手将活塞连杆组放入汽缸内。

28 转动缸体使连杆大头朝上，即曲轴朝上。

29 在连杆轴承盖上装上轴瓦。

30 在轴瓦上涂抹适量润滑油。

 提示:

在下轴承上涂抹润滑油的主要目的是改善发动机起动前配合副之间的润滑条件。

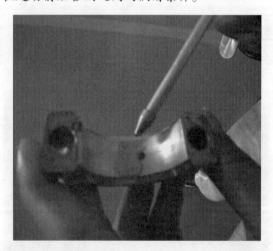

31 确认轴承盖上的记号与连杆大头对齐后，将连杆轴承盖套入连杆大头。

32 徒手将连杆固定螺母旋上。

33 选用10mm套筒、棘轮扳手对连杆固定螺母进行预紧。

 提示:

用棘轮扳手旋紧螺栓时，应到感觉螺栓稍有吃力为止，避免用力过大导致棘轮损坏。

34 选用预调式扭力扳手、10mm套筒拧紧连杆螺栓。

 提示:

（1）操作时可分三次交替拧紧螺母。拧紧力矩分别为15 N·m、29 N·m。

（2）丰田8A发动机维修手册规定连杆螺栓的拧紧力矩为29N·m。然后将螺栓再拧到90°转角处。

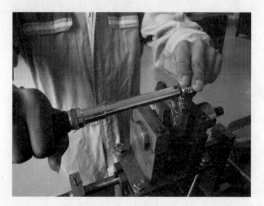

35 转动侧向螺母,检查曲轴的转动情况。若较为沉重,则进行检查;若平顺,则正常。

36 清洁工具。

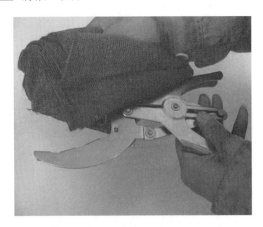

37 清洁工作台。

七 考核标准

装配钳工(一)操作考核标准表

考核时间	序号	项目	配分	评分标准	得分
20min	1	着装规范	2	酌情扣分	
	2	检查量具、工件是否齐全	2	未检查扣2分	
	3	清洁工作台	2	未清洁扣2分,清洁不完全扣1分	
	4	清洁各个工具	8	未清洁一项扣0.5分	
	5	翻阅维修手册	2	未翻阅扣2分	
	6	安装汽缸体	2	未正确安装扣2分	
	7	清洁汽缸体	2	未清洁扣2分	
	8	转动汽缸体使连杆轴承盖朝上	2	转动不到位扣2分	
	9	用指针式扭力扳手拧松螺母(分2次45°角拧紧)	2	未正确拆卸扣2分	
	10	使用短接杆和套筒拆卸螺母	2	未正确拆卸扣2分	
	11	取下轴承盖	2	未正确拆卸扣2分	
	12	转动汽缸体至水平位置	2	未安全操作扣2分	
	13	取下活塞连杆组(安装螺栓防护套,使用木柄顶出上轴承盖,后从另一端取出)	2	未检查扣2分	
	14	拆下上轴承	2	未正确拆卸扣2分	
	15	拆下1号气环	2	未正确拆卸扣2分	
	16	拆下2号气环	2	未正确拆卸扣2分	
	17	拆下油环	2	未正确拆卸扣2分	
	18	拆下下轴承	2	未正确拆卸扣2分	
	19	转动汽缸体使曲轴朝上	2	未安全操作扣2分	
	20	拆下曲轴轴承盖	2	未正确拆卸扣2分	

续上表

考核时间	序号	项 目	配分	评 分 标 准	得分
	21	拆下曲轴	2	未正确拆卸扣2分	
	22	将拆卸的零件按拆卸次序依次排列放置（一次性摆放）	2	未正确摆放扣2分	
	23	清洁拆下的各个零件	5	未清洁一项扣0.5分	
	24	把活塞连杆组夹装到台虎钳上	2	夹装不正确扣2分	
	25	清洁游标卡尺	2	未清洁扣2分	
	26	校整游标卡尺	2	未校整扣2分	
	27	调整卡尺至34mm处	2	调整不正确扣2分	
	28	清洁外径千分尺	2	未清洁扣2分	
	29	校整外径千分尺	2	未校整扣2分	
	30	测量活塞直径	2	测量不正确扣2分	
	31	记录数据	2	记录不正确扣2分	
	32	清洁游标卡尺	2	未清洁扣2分	
	33	校整游标卡尺	2	未校整扣2分	
	34	清洁缸体被测量部位	2	未清洁扣2分	
	35	确定测量汽缸直径的基本尺寸	2	分析不正确扣2分	
	36	清洁外径千分尺	2	未清洁扣2分	
	37	校整外径千分尺	2	未校整扣2分	
	38	定位基准尺寸	2	定位不正确扣2分	
	39	正确选择测量杆	2	选择不正确扣2分	
	40	正确组装内径百分表	2	组装不正确扣2分	
	41	正确调整预压量	2	调整不正确扣2分	
	42	清洁测量头	2	未清洁扣2分	
	43	清洁缸体被测量部位	2	未清洁扣2分	
20min	44	正确选择测量位置（上、中、下）和方向（纵、横）	6	每一个方向确定错误扣1分	
	45	读值、记录（每缸三个位置两个方向6个数据）	6	每一处数值错误扣1分	
	46	计算汽缸与活塞的配合间隙，并进行分析（填表）	4	计算错误扣2分，分析错误扣2分	
	47	清洁塞尺	2	未清洁扣2分	
	48	测量1号气环侧隙，标准0.04~0.08mm 选择0.04mm塞尺，报告0.04mm过	2	测量不正确扣2分	
	49	选择0.04mm塞尺，报告0.08mm止	2	测量不正确扣2分	
	50	1号气环侧隙正常	2	判断不正确扣2分	
	51	清洁游标卡尺	2	未清洁扣2分	
	52	校整游标卡尺	2	未校整扣2分	
	53	调整卡尺至34mm处	2	调整不正确扣2分	
	54	清洁汽缸体	2	未清洁扣2分	
	55	把活塞换放至测量位置	2	放置不正确扣2分	
	56	清洁塞尺	2	未清洁扣2分	
	57	测量1号气环，标准间隙为0.25mm~0.45mm 选择0.25mm塞尺，报告0.25mm过	2	测量不正确扣2分	
	58	选择0.45mm塞尺，报告0.45mm止	2	测量不正确扣2分	
	59	一号气环正常	2	判断不正确扣2分	
	60	清洁各个量具	2	未清洁一项扣0.5分	
	61	正确放置V形块	2	放置不正确扣2分	
	62	正确安装曲轴	2	安装不正确扣2分	
	63	正确放置塑料间隙规	2	放置不正确扣2分	

续上表

考核时间	序号	项目	配分	评分标准	得分
20min	64	正确安装上连杆轴承盖	2	安装不正确扣2分	
	65	正确拿下连杆轴承盖	2	拆卸不正确扣2分	
	66	用专用的塑料间隙测试纸检查	2	检查不正确扣2分	
	67	记录数据	2	数据不正确扣2分	
	68	清洁塑料间隙规	2	未清洁扣2分	
	69	清洁工具	2	未清洁扣2分	
	70	清洁曲轴轴承座	2	未清洁扣2分	
	71	曲轴轴承座、曲轴、轴瓦上油	2	未上油每次扣0.5分	
	72	安装曲轴	2	未正确安装扣2分	
	73	安装曲轴轴承盖	2	未正确安装扣2分	
	74	转动汽缸体至水平位置	2	未安全操作扣2分	
	75	安装油环	2	未正确安装扣2分	
	76	安装2号气环，气环"T"（D）标记朝上	2	未正确安装扣1分，标记装反扣1分	
	77	安装1号气环	2	未正确安装扣2分	
	78	安装螺栓防护套	1	未正确安装扣1分	
	79	清洁、安装上轴承	2	未正确安装扣2分	
	80	清洁连杆轴颈	2	未清洁扣2分	
	81	汽缸壁内加注机油并涂抹机油	2	未正确操作扣2分	
	82	清洁卡箍，润滑卡箍	2	未正确操作扣2分	
	83	对齐活塞环开口，在环的三等分处加注机油，转动润滑活塞环槽	2	未正确操作扣2分	
	84	在上轴承处加注并涂抹机油	2	未正确操作扣2分	
	85	气环交叉180°	2	未正确操作扣2分	
	86	油环相对叉开180°	2	未正确操作扣2分	
	87	安装、拧紧卡箍	2	未正确操作扣2分	
	88	安装活塞连杆组	2	未正确操作扣2分	
	89	清洁卡箍	2	未清洁扣2分	
	90	清洁、安装下轴承，加注润滑机油	2	未正确操作扣2分	
	91	安装螺母	2	未正确安装扣2分	
	92	转动汽缸体使连杆轴承盖朝上	2	未安全操作扣2分	
	93	用数字式扭力扳手分2～3次拧紧连杆螺母，标准力矩：29N·m	2	未正确操作扣2分	
	94	使用指针式扭力扳手按标准转角90°	2	未正确操作扣2分	
	95	将汽缸体转过180°	2	未安全操作扣2分	
	96	再次检查活塞连杆组安装状况 转动曲轴，曲轴转动灵活	2	未检查扣2分	
	97	分解拆下汽缸体	2	未正确操作扣2分	
	98	清洁整理工件	2	未清洁整埋扣2分	
	99	整理清洁工具	2	未清洁整理扣2分	
	100	整理工作台	2	未清洁整理扣2分	
	101	安全操作	12	零件跌落扣2分/次，量具损坏扣2分/次，扣完为止	
	102	其他		每超时1min扣2分，超时5min终止考试	
	103	因违规操作造成人身和设备事故的，总分按0分计			
		分数合计	230		

任务 14 装配钳工（一）

任务 15　装配钳工（二）

一、任务说明

（一）装配中常见联接件的拆卸

汽车上零部件之间的联接形式有多种，主要有螺纹联接、过盈配合联接、键联接、铆钉连接、焊接、粘接、卡扣联接等。这里主要介绍应用非常广泛的螺纹联接的拆卸与装配。

在拆装作业中，遇到最多的是螺纹联接，大约占全部联接件的50%～60%。螺纹有圆柱螺纹和圆锥螺纹。按牙形分有三角形、矩形、梯形等形状的螺纹。汽车上主要用三角形右旋螺纹。螺纹的规格和各种尺寸均已标准化，有米制和英制之分，我国采用米制，国际上有的采用米制，也有的采用英制。

螺纹按照螺距有粗牙和细牙之分，一般情况下均使用粗牙螺纹。在相同的公称直径下，细牙螺纹的螺距小、牙细、内径和中径较大、升角较小，因而自锁效果好，常用于受强度影响较大的零件（如缸体、制动盘等）以及有振动或变载荷的联接、微调装置等。由于汽车在工作时有较大的振动，对强度要求也很高，故细牙螺纹在汽车上应用较广泛。

螺纹联接的零件有螺栓、螺钉、紧固螺钉、螺母、垫圈及防松零件（如开口销、止动垫片等）等。联接的主要类型有螺栓联接、双头螺柱联接、螺钉联接和紧固螺钉联接等几种。

拆装螺纹联接使用的工具有手动和机动两类。手动工具主要有固定扳手（梅花）、活动扳手、套筒扳手、螺钉旋具等。拆装工具的选用，应根据螺母、螺栓的尺寸，拧紧力矩及所在部位的回转空间等具体条件来选择。一般情况下，为了避免损坏螺栓、螺母的棱角，缩短作业时间，减轻劳动强度，能用固定扳手的不用活动扳手，能用梅花扳手的不用开口扳手，能用套筒扳手的不用固定扳手。机动扳手按动力源分，有电动式、气动式和液压式三种类型。

螺纹联接件拆装的技术要领及注意事项如下：

（1）用扳手拆装螺栓（母）时，扳手的开口尺寸必须适合螺栓头部或螺母的六方尺寸，不得过松。旋转时，扳手开口与六方表面应尽量靠合。操作空间允许时，要用一只手握住扳手开口处，避免扳手因用力过大脱出。使用螺钉旋具拆装开槽螺钉时，刀头与槽口的尺寸必须合适。无论拧紧还是旋松螺钉，均要用力将螺钉旋具顶住螺钉，避免损坏螺钉槽口，造成拆装困难。

（2）在向螺栓上拧紧螺母或向螺孔内拧螺栓（钉）时，一般先用手旋进一定距离，这样既可感觉螺纹配合是否合适，又可提高工作效率。在旋进螺母（栓）两圈后，如果感觉阻力很大，则应拆下检查原因：有时是因螺纹生锈或夹有铁屑等杂物造成的，清洗后涂少许机油（全损耗系统用油）即可解决；有时是因螺纹乱牙造成的，可用板牙或丝锥修整一下；有时是因粗、细螺纹不相配造成的，应重新选配。

（3）在螺纹联接件中，垫圈的作用非常重要，既可以保护被联接件的支承表面，还能防松，决不能随意弃之不用，应根据原车要求，安装到位。

（4）在发动机缸体上有许多不通的螺纹孔（盲孔），在旋入螺栓前，必须清除孔中的铁屑、水、油等杂物，否则螺栓不能拧紧到位。如加力拧进，有可能造成螺栓断裂及缸体开裂等后果。

（5）锈死螺栓的拆卸。对于锈死螺栓的拆卸可用下列方法。

①将螺栓拧紧1/4圈左右再退回，反复松动，逐渐拧出。

②用锤子振击螺母，借以震碎锈层，以便拧出。

③在煤油中浸泡20～30min，使煤油渗到锈层中去，使锈层变松以便拧出。

（二）工件介绍

1 单缸配气机构

为了更好地进行工量具综合应用能力的训练，增加学生的动手能力，本工件是利用了学校报废发动机的汽缸盖，对它进行一定的改进后自制的单缸配气机构教具，如图15-1所示。教具主

图15-1 单缸配气机构

❷ 自制气门座圈

自制气门座圈如图15-2所示，根据气门的实际尺寸，在上平面做出圆锥面，相当于气门座，气门座圈下打出阶梯孔，相当于气门导管，两端打出螺纹孔，可用螺栓把整个气门座圈固定在专用夹具上。可用此教具进行气门座圈铰削和气门研磨实训任务的操作，满足学生反复操作的要求，节约了材料和实训成本，增强了学生的动手能力。

气门组件的故障主要有：气门头部密封锥面的烧蚀、磨损、凹陷；尾部端面的磨损；气门弹簧弹力下降、弹簧变形、折断；气门座的烧蚀、凹陷、脱落；气门导管的磨损、折断、脱落。

要包括两部分，单缸配气机构和一对夹具。夹具上端通过销把单缸配气机构固定，夹具的下端通过螺栓螺母把夹具固定在钢槽上。单缸配气机构通过缸体上加工出的螺纹孔与轴相联接，轴通过销固定在夹具上，使单缸配气机构按要求固定或转动。单缸配气机构带有完整的气门组机构（包括气门、气门弹簧、气门座、锁片、气门导管、部分缸体），包括两个进气门组、两个排气门组和通过轴承固定的凸轮轴（部分），凸轮轴的后端装有一个摇柄，可以通过转动摇柄带动凸轮轴转动从而顶开气门。结构特点是气门头部和气门座贴合紧密；气门导管对气门杆的往复运动导向良好；气门弹簧座两端面与气门杆中心线相互垂直，保证气门头在气门座上不偏斜；气门弹簧的弹力能够克服气门及其传动件的运动惯性，使气门能迅速闭合，并压紧在气门座上。

图15-2 自制气门座圈

二 实训时间 160min ★★★★

（1）配气机构的分解：30min；
（2）气门弹簧的检测：20min；
（3）气门座的铰削：40min；
（4）气门研磨：40min；
（5）配气机构的装复：30min。

三 实训教学目标

（1）进一步复习巩固汽修专用工具的正确使用方法；
（2）进一步复习巩固汽修专用量具的正确使用方法；
（3）掌握装配中常见的联接方式的特点；
（4）培养学生综合运用工量具的能力，进一步提高学生的操作熟练程度。

四 实训器材

 预置式扭力扳手（10~100 N·m）
 棘轮扳手
 一字螺丝刀
 气门拆装钳

 短接杆
 14mm套筒
 钢角尺
 游标卡尺（0~150mm）

 气门铰刀
 砂布
 气门
 研磨砂

 橡皮捻子
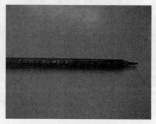 铅笔
 气门弹簧
 自制气门座圈

 自制配气机构
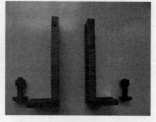 专用夹具

五 教学组织

1 教学组织形式

此实训教学任务为实训操作课，1名实训教师，22名学生，实验室共有11张多功能工作台，每张工作台左右2个工位，每个工位都配有一套实训器材，每个工位1名学生独立进行操作。

2 学生的站位分工和要求

学生按规定的工位站立，按教师的指令同时独立进行操作。

3 实训教师职责

确定每位学生的工位；讲解实训任务的操作步骤和相关的注意事项，并进行示范操作；组织学生进行操作；巡视、检查、指导和纠正学生操作中的错误；课堂总结；组织学生对实验室进行清洁整理。

4 学生职责

认真听取教师的讲解，做好课堂笔记，观察教师的示范操作，独立完成实训任务，注意操作的规范性和安全性，自我总结，填写好工作作业单，做好课后的清洁整理工作。

六 操作步骤

（一）配气机构的分解

 选用棘轮扳手与14mm套筒，旋松凸轮轴轴承盖螺栓卸扭。

提示：

轴承盖螺栓按照独立、对称、多次的顺序卸扭。

 用手取下凸轮轴轴承盖。

提示：

可用手左右轻摇螺栓使轴承盖松脱。

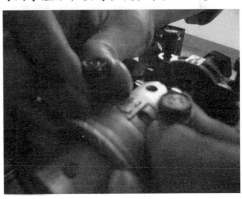

 选用棘轮扳手与14mm套筒拆卸四个凸轮轴轴承盖螺栓。

提示：

轴承盖螺栓按照独立、对称、多次的顺序拆卸。

5 将轴承盖与轴承盖螺栓放于规定的地方。

3 用手拆下四个轴承盖螺栓。

6 选用内六角扳手拆下凸轮轴转动摇柄固定螺栓。

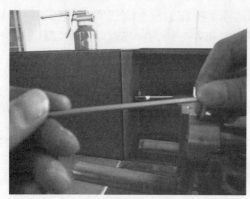

7 用手取下摇柄。

8 用手取下凸轮轴。

9 清洁凸轮轴底座。

10 选用专用气门拆装钳,用其拆下气门弹簧与锁片(详见专用工具——气门拆装钳的使用)。

11 转动整个配气机构,使气门底座朝前。

12 用力按下气门。

13 用手取出进、排气门。

(二)气门弹簧的检测

1)清洁

 清洁游标卡尺。

提示:

游标卡尺清洁的重点部位是上下量爪的位置。

 清洁直角尺。

提示:

清洁时要全面。

 清洁气门弹簧。

提示:

气门弹簧拆下时已用汽油清洗干净了,本任务中只做简单清洁。

2)测量

 把气门弹簧垂直放在工作平台上,使用直角尺测量其偏斜量。

提示:

(1)注意把直角尺垂直放置,不要倾斜,否则会影响测量的结果。

(2)测量时,直角尺的下端与弹簧下端要靠紧。

(3)技术标准:最大偏斜量为2 mm。如果偏斜量大于最大值,则更换气门弹簧。

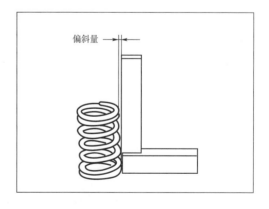

 测量气门弹簧的自由长度。使用游标卡尺,测量气门弹簧的自由长度。

提示：

（1）测量时，注意游标卡尺量爪轻轻卡住气门弹簧两端为宜，不要太用力卡紧，否则会影响测量结果。

（2）技术标准：自由长度为38.57mm。如果自由长度不符合标准，则更换气门弹簧。

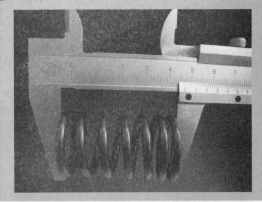

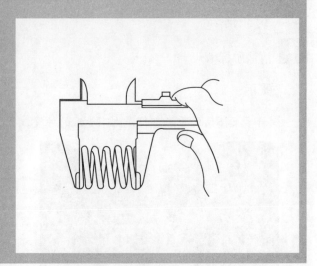

3 测量气门弹簧预紧力。使用弹簧测试器，在标准安装长度下测量气门弹簧的预紧力。在压缩到31.7mm时气门弹簧预紧力为157～174N。如果预紧力不符合标准，则更换气门弹簧。

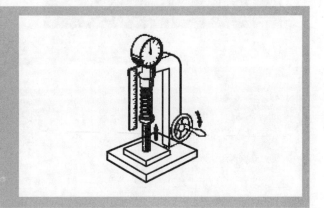

3）清洁整理

1 检查后对气门弹簧进行清洁，放回指定位置。

2 清洁好各量具，并上好防锈油。

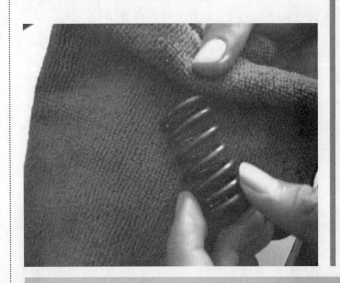

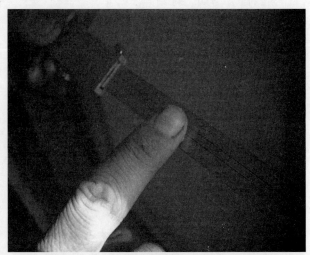

3 清洁整理好工作台。

☀ (三) 气门座的铰削

1 把自制气门座圈安装到专用夹具上。

安装时要保证气门座圈垂直,高度调整到合适。

2 清洁。

(1) 清洁工作台。

清洁时要全面、仔细。

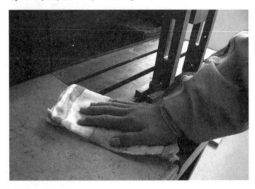

(2) 清洁气门座圈。

在实际操作中气门座圈需用煤油(或汽油)清洗干净。

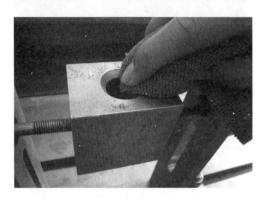

(3) 清洁铰刀各组成零件。

3 检查气门座圈。

(1) 气门座圈工作面角度为45°,其宽度进气门为2.00 mm,排气门为2.40mm。

(2) 气门座圈工作面磨损变宽超过1.4mm,工作面烧蚀出现斑点、凹陷时,应进行铰削与修磨。

4 组装好气门铰刀。

（1）选择铰刀导杆。根据气门导管的内径，选择相适应的铰刀导杆，并插入气门导管内，使导杆与气门导管内孔表面相贴合，无明显旷动为宜。

（2）在铰刀导杆上装上拆卸螺母。

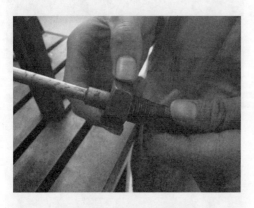

（3）选择铰刀。根据气门直径选用合适的气门座铰刀。先拿取45°铰刀。

（4）把气门铰刀装在铰刀导杆上。

 提示：

要用力推向螺母方向。

（5）在铰刀导杆上装上手柄。

5 砂磨硬化层。

（1）在气门铰刀下面套上粗砂皮。

 提示：

由于气门座存在硬化层，在铰削时，往往使铰刀滑溜，遇此情况时，可用粗砂布垫在铰刀下面先进行砂磨，然后再进行铰削。

（2）双手握住手柄的两端，均匀用力，转动手柄，除去气门座的硬化层。

6 初铰。

（1）选用45°铰刀。

（2）先将45°铰刀套在导杆上，对准气门导管孔，把气门铰刀放入气门座。

提示：

有键槽的气门铰刀，使铰刀的键槽对准铰刀柄下端面的凸缘。

（3）进行铰削。

提示：

①铰削时，导杆应正直放置，两手用力要均匀、平稳。

②铰削操作直到将气门座上的烧蚀、斑点等缺陷铰去为止。

（4）铰削完毕后，用毛刷刷去气门座和气门铰刀上的铁屑。

提示：

注意不要使铁屑掉落到气门导管孔内。

（5）拧动拆卸螺母，使气门铰刀松动，然后取下放回盒内。

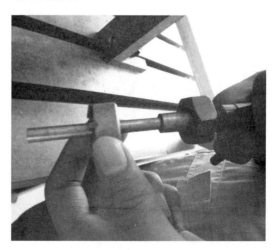

7 在新气门或修磨过的气门锥面上,涂一层红丹油,检查接触面的位置,应在气门工作锥面的中下部,接触面宽度应符合技术标准(针对不同类型的发动机请查阅具体的技术标准)。

8 如果接触面偏下,则应用75°铰刀铰削,使接触面上移。

(1)选用75°铰刀。

(2)同前装好气门铰刀,进行铰削。

 提示:

用75°铰刀铰削下斜面,可使接触面上移且变窄。

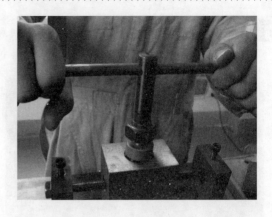

(3)铰削好后,同前进行清洁,拆下气门铰刀。

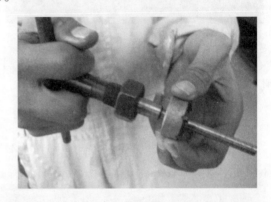

9 如果接触面偏上,则应用15°铰刀铰削,使接触面下移。

(1)选用15°铰刀。

(2)同前装好气门铰刀,进行铰削。

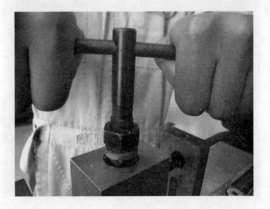

提示:

用15°铰刀铰削上斜面，可使接触面下移且变窄。

（3）铰削好后，同前进行清洁，拆下气门铰刀。

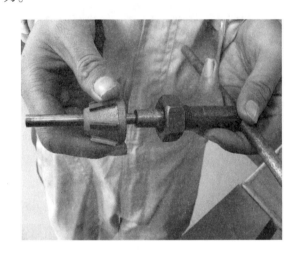

10 初铰后的试配。

初铰时应尽量使气门工作接触面在其中下部，应边铰边试配。为了延长气门座与气门的使用寿命，当接触面距气门下边缘1mm时，即可停止铰配。

11 精铰。最后用45°精刃铰刀或铰刀上垫以细砂布再次作精细修铰气门座工作面，以降低接触面的粗糙度。

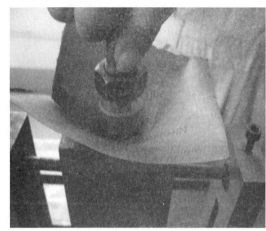

12 清洁整理。

（1）铰削完成后，将气门座圈进行清洁。

提示:

必须彻底清洁，不得有残留的金属屑与研磨材料。

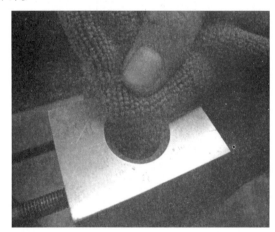

（2）分解自制气门座圈及专用夹具，放回零件架内。

（3）清洁气门铰刀，放回盒内整理好。

（4）清洁整理好工作台。

（四）气门研磨

1 将自制气门座安装在专用夹具上，并固定在工作台的钢槽上。

（2）清洁气门座。

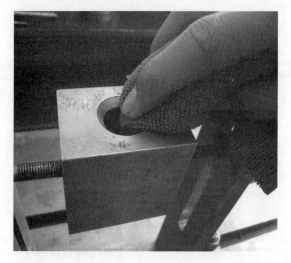

2 清洁。

（1）清洁工作台。

提示：

清洁时要全面、仔细。

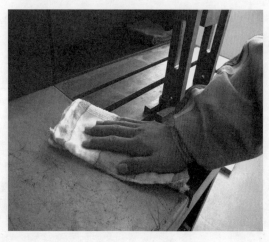

（3）清洁气门。

提示：

重点要清洁气门座锥面的位置。

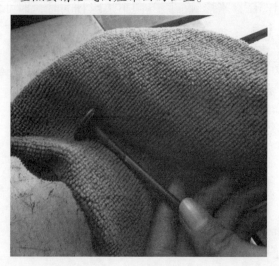

3 选用研磨砂。

提示：

首先选用粗研磨砂。

4 用手指将粗研磨砂均匀地涂抹在气门座的锥面上。

提示：

研磨砂一定要涂抹均匀，同时在涂抹的过程中要防止研磨砂掉落到气门导管孔中。

5 在气门的杆部位置涂抹上润滑油。

提示：

用手指将润滑油均匀地涂抹。

6 研磨气门。

（1）用橡皮捻子吸住气门头部，将气门放入气门座圈里。

（2）用手指转动气门捻子，转角一般为10°~30°为宜，并适时地提起和转动气门，以改变研磨位置。

任务 15 装配钳工（二）

提示:

不要把气门提起过高。

（3）直至气门工作面出现一条的无光泽的圆环带为止，接触环应整齐，无斑痕、无麻点。

7 再次清洁。
（1）清洁气门。

（2）清洁气门座圈。

8 选用细研磨砂。

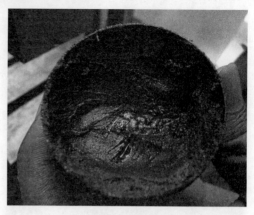

9 用手指将粗研磨砂均匀地涂抹在气门座的锥面上。

 提示:

要求同前。

10 在气门杆部均匀地涂抹上润滑油。

 提示:

要求同前。

11 用细研磨砂进行研磨。

提示：

要求同前。

12 直至工作面出现一条灰色无光的环带为止。

13 清洁工件表面。

（1）清洁气门座圈。

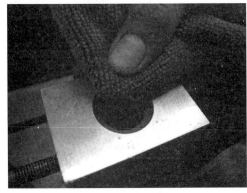

（2）清洁气门。

14 在气门工作锥面与气门座圈上涂以机油。

15 继续研磨数分钟。

16 直至气门与气门座圈完全研磨好。

17 气门与气门座圈密封性检查。

（1）再次清洁气门与气门座圈。

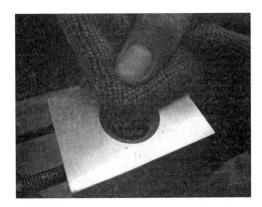

（2）在气门锥面上用软铅笔沿轴向均匀地划上若干条线。

（3）让气门与气门座圈接触。略压紧并转动气门90°。

（4）取出气门，检查铅笔线是否被切断。若被切断，说明密封性良好，否则应重新研磨。

18 清洁整理。

（1）分解气门座圈与专用夹具。

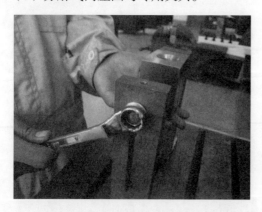

（2）清洁气门座圈与气门，放回工作台上的零件架内。

（3）清洁橡皮捻子，将捻子与研磨砂等整理好。

（4）清洁整理好工作台。

（五）配气机构的装复

1 用手将进排气门装入气门导管座内。

2 将气门弹簧放到气门导管上。

3 用气门弹簧钳将气门弹簧与锁片装回（详见专用工具——气门弹簧钳的使用）。

4 将凸轮轴放到轴承座上。

5 放上凸轮轴轴承盖。

6 用手拧紧轴承盖螺栓。

7 用同样的方法安装另一个凸轮轴轴承盖。

8 选用棘轮扳手、14mm套筒，拧紧轴承盖螺栓。

9 选用可调节器式扭力扳手，拧紧力矩调整至15N·m，拧紧轴承盖螺栓。

提示：

两个轴承盖的螺栓按对称、多次的顺序拧紧。

10 安装凸轮轴摇柄。

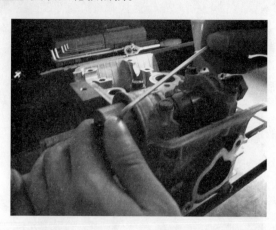

11 清洁工具，将其放回工具架，然后清洁工作台。

七 考核标准

装配钳工（二）操作考核标准表

考核时间	序号	项目	配分	评分标准	得分
60min	1	着装规范	2	酌情扣分	
	2	检查量具、工件是否齐全	2	未检查扣2分	
	3	清洁工作台	2	未清洁扣2分	
	4	清洁各个工量具	5	未清洁一个扣0.5分，扣完为止	
	5	正确拆下凸轮轴的轴承盖螺栓	3	工具选用不正确扣1分，拆卸方法不正确扣2分	
	6	拆下凸轮轴的轴承盖	2	不正确拆卸扣2分	
	7	拆卸凸轮轴转动摇柄	2	工具选用不正确扣1分，拆卸方法不正确扣1分	
	8	拆卸凸轮轴	2	拆卸不正确扣2分	
	9	清洁凸轮轴底座	2	未清洁扣2分	
	10	气门拆卸钳的正确使用	2	使用不正确扣2分	
	11	气门的拆卸	2	拆卸不正确扣2分	
	12	清洁游标卡尺	2	未清洁扣2分	
	13	清洁钢直尺	2	未清洁扣2分	
	14	清洁气门弹簧	2	未清洁扣2分	
	15	测量气门弹簧的倾斜量	4	测量方法不正确扣2分，数据不正确扣2分	
	16	测量气门弹簧的自由长度	4	测量方法不正确扣2分，数据不正确扣2分	
	17	清洁整理气门弹簧	2	未清洁扣1分，未整理扣1分	

续上表

考核时间	序号	项目	配分	评分标准	得分
60min	18	清洁整理直角尺	2	未清洁扣1分，未整理扣1分	
	19	清洁游标卡尺并上油	2	未清洁扣1分，未上油扣1分	
	20	正确安装自制气门座圈	2	安装错误扣2分	
	21	清洁气门座圈	2	未清洁扣2分	
	22	清洁气门铰刀及配件	2	未清洁扣2分	
	23	检查气门座圈	2	未检查扣2分	
	24	选用铰刀	2	选用不正确扣2分	
	25	装配铰刀	2	装配不正确扣2分	
	26	砂磨硬化层	2	方法不正确扣2分	
	27	初铰	5	操作方法不正确扣2分，铰削座圈质量不合格扣3分	
	28	初铰后的试配	2	不试配扣2分	
	29	进行修正	2	未修正扣2分	
	30	精铰	5	操作方法不正确扣2分，铰削座圈质量不合格扣2分	
	31	分解自制气门座圈	2	未分解扣2分	
	32	清洁气门座圈	2	未清洁扣2分	
	33	清洁气门铰刀及配件	2	未清洁扣2分	
	34	清洁气门	2	未清洁扣2分	
	35	选用粗研磨砂	2	选用不正确扣2分	
	36	在气门座圈上涂上研磨砂	2	涂抹不均匀扣2分	
	37	研磨气门	6	研磨手势不正确扣2分，研磨操作不正确扣2分，研磨质量不好扣2分	
	38	清洁气门	2	未清洁扣2分	
	39	清洁气门座圈	2	未清洁扣2分	
	40	选用细研磨砂	2	选用不正确扣2分	
	41	在气门座圈上涂上研磨砂	2	涂抹不均匀扣2分	
	42	研磨气门	3	研磨质量不好3分	
	43	清洁气门	2	未清洁扣2分	
	44	清洁气门座圈	2	未清洁扣2分	
	45	在气门、气门座圈上涂上机油	2	未涂抹机油扣2分	
	46	进行气门修磨	3	方法不正确扣2分	
	47	气门与气门座圈密封性检查	4	方法不正确扣2分，不会分析扣2分	
	48	分解气门座圈与专用夹具	2	未分解扣2分	
	49	清洁气门	2	未清洁扣2分	
	50	清洁气门座圈	2	未清洁扣2分	
	51	清洁气门捻子	2	未清洁扣2分	
	52	清洁各零件	2	未清洁扣2分	
	53	装复气门	2	装复不到位扣2分	
	54	装复气门弹簧	2	装复不到位扣2分	
	55	清洁凸轮轴底座并上好油	2	未清洁上油扣2分	
	56	装复凸轮轴	2	装复不到位扣2分	
	57	装复凸轮轴的轴承盖	2	装复不到位扣2分	
	58	装复凸轮轴转动摇柄	2	装复不到位扣2分	
	59	装复凸轮轴的轴承盖	2	装复不到位扣2分	
	60	清洁整理好各个工量具	2	未清洁整理扣2分	
	61	清洁整理好工作台	2	未清洁整理扣2分	
	62	安全操作	6	零件跌落扣2分/次，量具损坏扣2分/次，扣完为止	
	63	其他		每超时1min扣2分，超时5min终止考试	
	64	因违规操作造成人身和设备事故的，总分按0分计			
		分数合计	150		

任务 16　汽车维修基础钳工工具

一　任务说明

（一）钳工概述

1. 钳工的定义与实际应用

钳工是使用钳工工具、钻床等，按技术要求对工件进行加工、修整、装配的工种。钳工主要应用在加工前的准备工作，如清理毛坯，在毛坯或半成品工件上的画线等；单件零件的修配性加工；零件装配时的钻孔、铰孔、攻螺纹和套螺纹等；加工精密零件，如刮削或研磨机器、量具和工具的配合面、夹具与模具的精加工等。零件装配时的配合修整；机器的组装、试车、调整和维修等。

2. 钳工工种的基本内容

钳工工种的基本内容有：画线、錾削、锯削、锉削、攻螺纹、套螺纹、钻孔、扩孔、铰孔、刮削和研磨等，并能对部件或机器进行装配、调试、维修等。

3. 钳工安全文明生产的基本要求

（1）合理布局主要设备。钳台要放在便于工作和光线适宜的地方，台式钻床和砂轮机一般应安装在场地的边沿，以保证安全。

（2）使用电动工具时，要有绝缘防护和安全接地措施，发现损坏应及时上报，在未修复前不得使用。使用砂轮机时，要戴好防护眼镜。钳台上要有防护网。清除切屑要用刷子，不要直接用手清除或用嘴吹。

（3）毛坯和加工零件应放在规定位置，要排列整齐平稳，便于取放，避免碰伤已加工面。

（4）工、量具的安放，应按下列要求布置：

①为取用方便，右手取用的工、量具放在右边，左手取用的工、量具放在左边，且排列整齐，不能使其伸出钳台边以外。

②量具不能与工具或工件混放在一起，应放在量具盒内或专用板架上。精密的工、量具更要轻拿轻放。

③工、量具要整齐地放入工具箱内，不应任意堆放，以防受损和取用不便。工、量具用后要及时维护、存放。

④保持工作场地的整洁。工作完毕后，对所用过的设备都应按要求清理、润滑，对工作场地要及时清扫干净，并将切屑及污物及时运送到指定地点。

4. 钳工常用设备

（1）钳工工作台。简称钳台，常用硬质木板或钢材制成，要求坚实、平稳、台面高度约 800～900mm，台面上安装虎钳和防护网。教学使用的是多功能工作台，如图16-1所示。

图16-1　多功能工作台

（2）砂轮机。砂轮机是用来磨削各种刀具或工具的，如图16-2所示。砂轮机由电动机、砂轮机座、机架和防护罩等组成。砂轮机安装好后，要使其在工作中平稳旋转，砂轮的旋转方向要正确，使磨屑向下飞离，而不致伤人。磨削过程中，操作者应站在砂轮的侧面或斜对面，而不要站在正对面。

（3）钻床。常见的钻床主要有台式钻床、立式钻床和摇臂钻床，如图16-3所示。手电钻也是常用的钻孔工具。

图16-2 砂轮机

a）台式钻床

b）立式钻床

c）摇臂钻床

图16-3 钻床的种类

其中，台式钻床的结构主要由固定工作台、转动工作台、钻夹头、主轴、头架、V带塔轮、电动机、锁紧手柄、进给手柄和立柱组成。通过改变V带塔轮的带轮安装位置，可以改变钻头的转速；通过进给手柄可以调节进给运动的快慢。

钻头是钻孔用的切削工具，常用高速钢制造，工作部分经热处理淬硬至62~65HRC。一般钻头由柄部、颈部及工作部分组成。

钻孔用的夹具主要包括钻头夹具和工件夹具两种。其中钻头夹具常用的是钻夹头和钻套。

（二）主要钳工工具的选用

1 手锯的选用

锯也称手锯或机械锯，属于切割类工具，主要用于在工件上锯出沟槽，锯断各种形体原材料或半成品，以及锯掉加工工件多余部分。

手锯主要由锯弓和锯条两部分组成，如图16-4所示。

手用钢锯条系由碳素工具钢和合金工具钢制成，经过热处理淬硬。锯条的切削部分由许多锯齿组成，每个齿相当于一把錾子起切割作用。常用锯条的前角 γ 为0、后角 α 为40°~50°、楔角 β 为45°~50°。常见钢锯条的长度为300mm。钢锯条的长度是以两端安装孔的中心距来表示。锯齿的粗细是按锯条上每25mm长度内齿数表示的。14~18齿为粗齿，24齿为中齿，24齿以上为

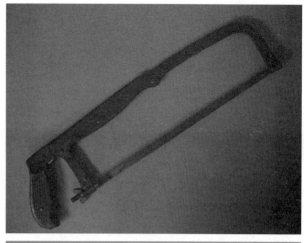

图16-4 手锯

细齿。锯齿的粗细也可按齿距t的大小来划分：粗齿的齿距t=1.6mm，中齿的齿距t=1.2mm，细齿的齿距t=0.8mm。锯齿粗细的选择应根据所锯割材料的厚薄和材料的硬度里决定。粗齿锯条用于切割软材料（如铜、铝、铸铁、中碳钢和低碳钢），且较为厚实的材料；细齿锯条用于锯割硬件料或薄的材料（如工具钢、合金钢、各种管子、薄板料和角铁等）。

2 锉刀的选用

锉刀是用碳素工具钢制成。锉刀由锉刀面、锉刀边、锉刀舌、锉刀尾、木柄等组成，如图16-5所示。锉刀的尺寸以锉刀面的工作长度来表示。锉刀的锉齿是在剁锉机上剁出来的。

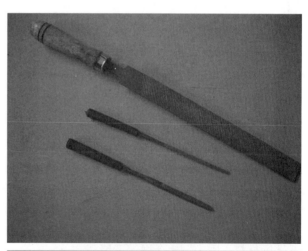

图16-5 锉刀

锉削就是对工件表面进行切削，使其尺寸、形状、位置和表面粗糙度都达到要求的加工方法。锉削的最高精度可达IT7-IT8，表面粗糙度可达 $Ra1.6~0.8\mu m$。

锉刀按用途不同分为：普通锉（或称钳工锉）、特种锉和整形锉（或称什锦锉）三类。其中普通锉使用最多。普通锉按截面形状不同分为平锉、方锉、圆锉、半圆锉和三角锉五种；按其长度可分为100 mm、200 mm、250 mm、300 mm、350 mm和400 mm等七种；按其齿纹可分为单齿纹、双齿纹（大多用双齿纹）式；按其齿纹疏密可分为粗齿、细齿和油光锉等（锉刀的粗细以每10mm长的齿面上锉齿齿数来表示，粗锉为4~12齿，细锉为13~24齿，油光锉为30~36齿）。汽车维修中还经常用到螺纹锉，可用来修复受损的螺纹。

锉刀选择应根据被锉削材料的性质、加工余量的大小、加工精度的高低和表面粗糙度等情况综合考虑。粗锉刀用于粗加工或锉有色金属；粗牙用于粗加工后的加工；细牙锉刀用于锉削加工余量小、要求表面粗糙度高的工件，油光锉刀只用于对工件最后表面修光。

另外，还要根据所要加工零件的形状选用不同截面的锉刀。例如：方锉四面都有锉齿，可锉方形孔，另外，还可加工直角形状的工件，如图16-6所示；半圆锉可用来锉内凹的弧面；圆锉可用来锉圆弧面工件，还可把圆孔锉大。

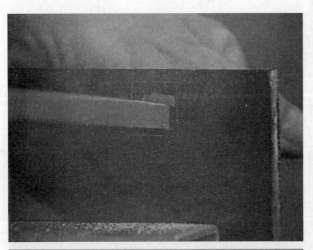

图16-6　方锉

选用锉刀时，锉刀的硬度必须大于所要锉削材料的硬度；普通的锉刀不能用来锉削铜、铝等低硬度材料，因为铜铝会把锉齿堵塞。

用锉刀锉削平面最基本的三种方式是顺向锉法、交叉锉法和推锉法。

3 其他钳工工具的选用

（1）台虎钳。台式虎钳简称台虎钳，如图16-7所示。主要用做夹持需要拆解或装配的部

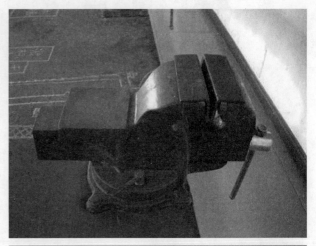

图16-7　台虎钳

件，也可以用它来夹持需进行锯、锉、錾等的加工零件。其规格以钳口的宽度来表示，常用的有100mm、125 mm、150mm三种。主要的结构由固定部分、活动部分、钳口、螺杆、手柄等组成。钳口的夹紧力很大，而且钳口的硬度很高，当钳口夹紧工件时，钳口会在硬度较软的零件上留下夹装的痕迹。为防止这种情况出现，可在虎钳上加装硬度小的钳口，它们通常由铝或铜等软材料制成。

（2）丝锥。丝锥是加工内螺纹的工具，如图16-8所示。汽车维修中最常用的为普通三角螺纹丝锥。根据所起作用以及结构不同，一套丝锥又分为头锥、二锥、三锥。其中M6~M24的丝锥为两只一套，小于M6大于M24的丝锥为三只一套。

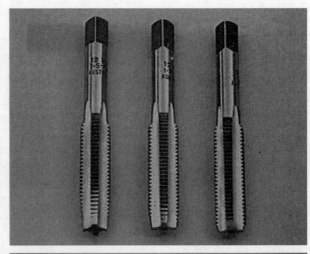

图16-8　丝锥

丝锥的结构有切削部分和标准部分组成。切削部分端头呈锥形，几个刀齿起切削作用；标准部分具有完整的齿形，用于校准和修光切出螺

纹，并引导丝锥沿轴向运动。丝锥有3~4条容屑槽，用以排屑。丝锥柄部的方头用于攻丝时传递扭力。

只有丝锥还不行，还要配套攻丝扳手。常用攻丝扳手是可调的，使用时可转动调节手柄方孔大小，以便适应各种不同规格大小尺寸的丝锥，如图16-9所示。小丝锥不宜使用大扳手，否则丝锥容易折断。攻丝时，首先使用头锥起攻，将头锥装夹于扳手方孔内，并要确保丝锥与被攻丝的工件表面垂直。攻丝时，必须按头锥、二锥、三锥顺序攻削至标准尺寸。

无论套丝还是攻丝，当加工材料较硬时，要加切削液润滑，以减少摩擦，延长板牙或丝锥的使用寿命，并提高加工精度。

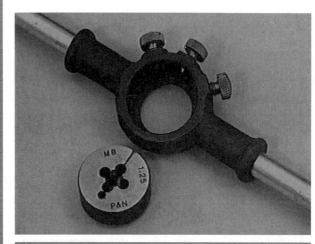

图16-10 板牙与板牙架

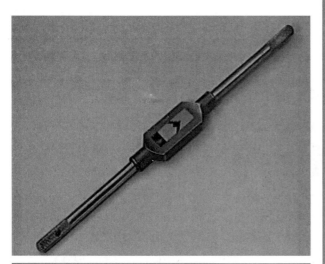

图16-9 攻丝扳手

（3）板牙。板牙是加工外螺纹的工具，汽车维修中最常用的为圆板牙和六角板牙。六角板牙主要用于修复损坏的螺纹，可直接把扳手加装在其头部。

圆板牙的结构由切削部分、中间部分、排屑孔部分组成，板牙两端50°的锥角起切削作用，中间部分起校准、导向、修光作用。外圆上有四个锥坑和一条V形槽。其中两个锥坑用于将板牙夹在板牙架内以传递扭力；另两个对板牙中心有些偏斜，当板牙磨损后可沿板牙上的V形槽锯开，拧紧板牙调整螺钉使板牙的螺纹尺寸作微量缩小，以补偿磨损尺寸。调整时，应以标准样件校对。板牙若要正常工作，还需要板牙架，如图16-10所示。常见的圆板牙是安装在板牙架中间的圆孔内，并且周围还配有固定螺钉。

（4）冲子。冲子又称冲头（图16-11），主要用来冲出铆钉和销子，也可用来标示钻孔的位置及标注记号等。其常见的种类有：中心冲、销冲、起动冲、尖头冲子、数字号码冲、空心冲等，它们的结构不同，作用也大不一样。

中心冲子用于标示要钻孔的位置及导向，也可用于零件拆卸前对其标注记号；通过对拆下的零件标示记号，防止安装时造成装配错误，例如对曲轴轴承盖制作标记。

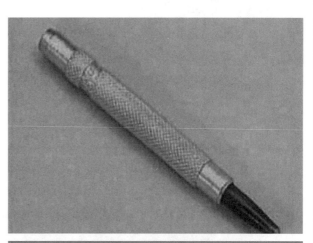

图16-11 冲子

二 实训时间 400min

三 实训教学目标

（1）了解钳工的特点及实际应用；
（2）初步掌握钳工最基本的操作技能；
（3）学会基本的钳工工具、量具、夹具和测量工具的使用方法；
（4）遵守实习场地的有关规章制度及安全操作注意事项。

四 实训器材

工作台

平板

30mm×30mm方铁块

台钻

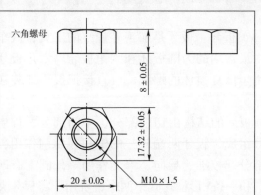
图纸

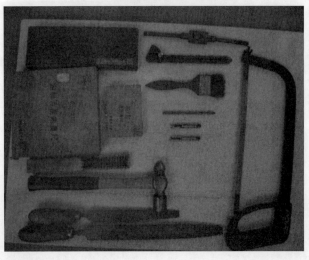

粗锉、细锉、铁锤、铜丝刷、毛刷、万能角度尺、90°刀口角尺、游标卡尺、手锯、划规、丝锥一套（头锥、二锥）、攻丝扳手、φ3mm钻头、φ8.5mm钻头、平板、钢直尺（量程0~300mm）、划针

五 教学组织

1 教学组织形式

此实训教学任务为实训操作课，1名实训教师，22名学生，实验室共有11张多功能工作台，每张工作台左右2个工位，每个工位都有一套实训设备，每个工位1名学生独立进行操作。

2 学生的站位分工和要求

学生按规定的工位站立，按教师的指令同时独立进行操作。

3 实训教师职责

确定每位学生的工位；讲解实训任务的操作步骤和相关的注意事项，并进行示范操作；组织学生进行操作；巡视、检查、指导和纠正学生操作中的错误；课堂总结；组织学生对实验室进行清洁整理。

4 学生职责

认真听取教师的讲解，做好课堂笔记，观察教师的示范操作，独立完成实训任务，注意操作的规范性和安全性，自我总结，完成作业表，做好课后的清洁整理工作。

六 操作步骤

1 清洁。把相关的工量具和设备整理清洁，并将它们放置在工作台的工量具架上。平板放置在工作台的钢槽上。

2 看懂零件图。明确制作的六角螺母的主要尺寸要求。六角螺母对角的直径尺寸是20mm，对边的距离是17.32mm。

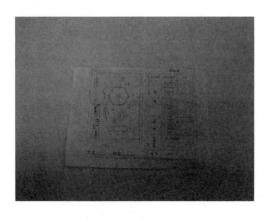

3 画线。

（1）把工件放在平板中间位置。

（2）用手握住样冲，同时手压在工件上，用锤子敲冲头，在工件的中间打出一个冲眼。

提示：

①样冲轴线与工件表面垂直。

②冲孔时，眼睛要一直盯着冲头尖。

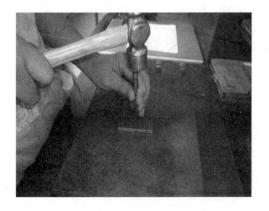

（3）检查划规，其两脚长度应相等。然后用划规在钢直尺上量取10 mm，即是六角螺母对角的半径尺寸。

提示：

要注意尺寸量取的精度。

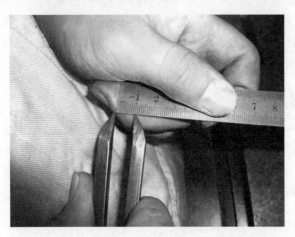

（4）尺寸量取后，把划规进行锁止，拧紧圆规顶部的螺母即可。保证取到的尺寸不发生改变。

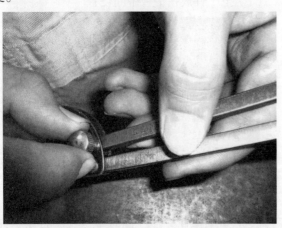

（5）将圆规的一只脚放在冲眼里作为支点，划规向画线面倾斜，用手旋转划规，使划规的另一只脚在工件上画出半径为10 mm的一个圆。

（6）用圆规的两脚在画出的圆上截取六点，截取尺寸仍为10mm。

（7）用钢直尺和划针把圆弧上的各点依次连接起来。

提示：

注意一定要找准圆弧上的点进行连线，否则误差太大。

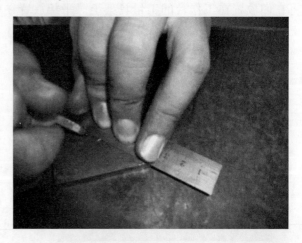

（8）所有的点连接后成一个六边形，考虑到加工余量，同时画出加工线，余量一般为2 mm。

锯削。

（1）选取锯条，选用粗齿锯条。

提示：

锯齿粗细的选择，应根据所锯割材料的厚薄和材料的硬度来决定。

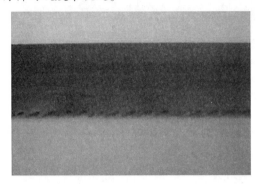

（2）在锯弓上装上锯条。

提示：

①注意锯齿的齿尖要朝前，这样安装会使操作用力方便，且工作平稳。

②安装锯条时不宜装得过紧或过松；太紧受力大，若手用力不当易使其折断；过松锯条易扭曲折断，且锯缝易偏斜。

③安装锯条后，进行检查。要保证锯条平面与锯弓中心平面平行，不得倾斜和扭曲，否则锯割时及易歪斜。

（3）用台虎钳夹紧工件。

提示：

①台虎钳的高度要先调整合适，即钳口至下颚一拳一肘的距离。

②要求工件垂直放置，左侧夹紧，高度要适当，工件夹紧后不得颤动。

（4）起锯。起锯很重要，一般用左手拇指甲靠稳锯条，以防止锯条滑动，同时起锯角度小于15°。若起锯角度过大，锯条易崩断。但起锯角也不宜太小，否则不宜切入材料。一般情况下采用远起锯。

（5）进行锯削。锯削的姿势：握锯要自然舒展，右手满握锯柄，左手轻扶锯弓前端，作业时，右手施力，左手压力不要太大，主要是协助右手扶正锯弓；左脚向前半步，右脚稍微朝后，自然站立，重心偏于右脚，右脚要站稳伸直，左腿膝盖关节应稍微自然弯曲，右脚尖到左脚跟约等于锉刀长，左脚与锉销工件中线约成30°角，右脚与锉销工件中线约成75°角。

锯削的动作：锯弓作直线往复运动，推锯时，右手推进左手施压，返回时，不加压力，从加工面上轻轻滑过。锯削过程中，压力小而均匀，锯削行程一般往复长度不小于锯条全长的2/3。

 提示：

①锯削速度一般控制在每分钟40次左右为宜；锯削行程应保持均匀，返回行程的速度应相对快些。

②锯削时的姿势有两种：一种是直线往复运动，另一种是摆动式。

③当工件快要锯断时，握锯施压要轻，速度要慢，行程要小，并用手抚住工件即将落下部分。

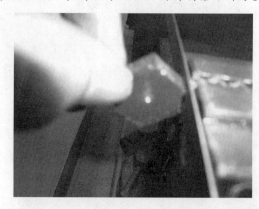

（6）锯削六边形的一边。应尽量保证锯缝线垂直不歪斜。

（7）依次锯削六边形的其他五边。

5 锉削。

（1）把工件夹持到台虎钳上。

 提示：

锉削时，工件一般夹持在台虎钳的中间位置。

（2）先用粗锉刀锉削出一个平面。锉刀的握法是：右手握柄，柄端抵在拇指根部的手掌上，大拇指放在手柄上部，其余手指由上而下地握着锉刀柄，左手拇指根部肌肉压在锉刀上，拇指自然伸直，其余四指弯向掌心，用中指、无名指捏住锉刀前端。锉削时，右手小臂要与锉身水平，右手肘部要提起。

锉削时的站立姿势：两手握住锉刀放在工件上面；左臂弯曲，小臂与工件锉销前面的左右方向保持基本平行；右小臂自然地与工件锉削的前后方向保持基本平行。右脚尖到左脚跟约等于锉刀长，左脚与锉销工件中线约成30°角，右脚与锉销工件中线约成75°角。

锉销时的动作：开始锉销时身体前倾约10°左右，右脚后伸，以充分利用锉身有效长度；当锉刀推到三分之一时，身体前倾约15°左右，使左腿稍弯曲；右肘再向前推至三分之二时，身体逐渐到前倾18°左右；锉削最后三分之一时，用手腕推锉至尽头，身体随着锉刀的反作用力自然退回到前倾15°左右位置。锉削终了时，两手按住锉刀、取消压力抽回锉刀，身体恢复到原来位置。

提示：

如要锉出平直的平面，必须使锉刀保持直线运动。当锉刀回程时，两手不要加压，以减少锉刀磨损。

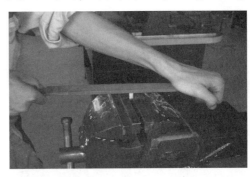

（3）然后用细锉刀进行锉削修整平面。锉削姿势与动作同前。

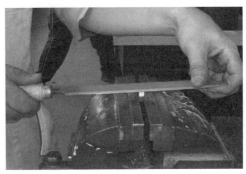

提示：

在锉削过程中，要不断用直角尺检查被锉削平面的平面度。

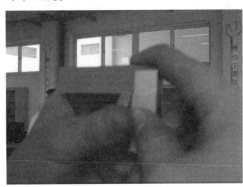

（4）锉削好一个平面后，依次锉削其他五个平面，锉削要求同前。

提示:

平面锉削时，用万能角度尺测量相邻两个平面的角度为120°。

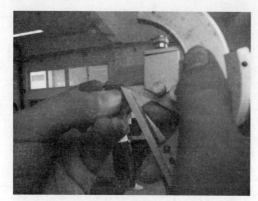

（5）完成六面体的锉削。

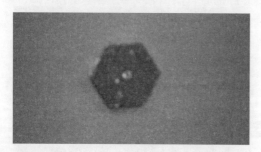

6 钻孔。

（1）检查台钻是否能正常使用。

①检查进给手柄是否正常。

②转动钻头夹具，应能灵活转动。

③插好电源，按动启动按钮（绿色按钮），观察台钻是否能正常转动。观察钻头夹具位置是否正常且不晃动。检查好后按下关闭按钮（红色按钮），关闭台钻。

（2）把工件夹持到台钻的台虎钳上。

 提示:

为了保护已经锉削好的平面，夹持时最好用护垫，以保护锉削好的平面。

（3）预钻。

①装上φ3钻头，注意要夹装在钻夹头的中间位置，钻头头部要夹紧，并有一定的深度。

②用钻夹头钥匙装紧钻头,注意不能用其他工具代替。

③用一字螺丝刀调整带轮安装位置,使钻头转速合适。使用φ3钻头时,转速可以高一点。

④转动进给手柄,用左手移动台虎钳,使钻头对准冲眼,要求完全对准。

⑤按下启动按钮,使台钻转动,右手匀速扳动进给手柄,钻出中心孔。钻孔过程中有铁屑飞出,人员要注意安全。

⑥钻孔过程中,左手必须紧紧压住台虎钳,防止台虎钳在钻孔过程中移动,使孔发生偏移。

⑦钻好中心孔后,先用左手按下台钻关闭按钮关闭台钻,然后右手再放开台钻进给手柄,等钻夹头停止后,用钻夹头钥匙旋送钻夹头,拿下φ3钻头。用毛刷清理铁屑。

(4)钻孔。
①装上φ8.5的钻头,安装方法同前。

②用一字螺丝刀调整带轮安装位置,使钻头转速合适。使用φ8.5钻头时,转速调低。

③转动进给手柄,使钻头对准冲眼,要求完全对准。更换钻头时,最好不要移动台虎钳,以保证中心孔对准。如果孔的位置误差比较大,应及时修正。

④按下启动按钮,使台钻转动,右手匀速扳动进给手柄,进行钻孔,左手必须紧紧压住台虎钳,此时可适当加注机油进行冷却。

⑤钻好孔后,操作同前取下φ8.5钻头。

(5)用毛刷清理钻出的铁屑,包括在台虎钳上的和钻头上的。

(6)待六角螺母冷却后,用手柄扳松台虎钳,取下六角螺母。

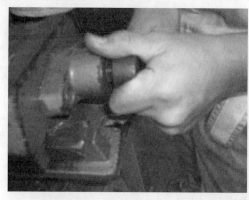

(7)孔钻好后,可以初步观察所钻的孔是否在中心位置。

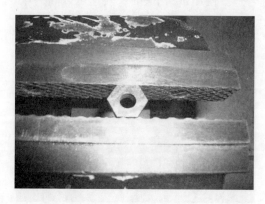

7 攻丝。

(1)根据底孔直径为φ8.5,选用M10的丝锥,并分清楚头锥和二锥。

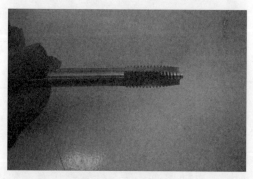

(2)选取头锥后,把丝锥装于铰杠上,注意丝锥头部放入位置和放入的高度,使铰杠紧紧地把丝锥夹住。

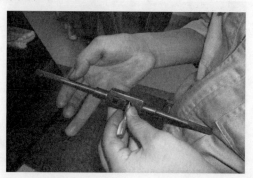

为了更好地攻丝，可以加注机油润滑。

（3）丝锥装在铰杠上后，放置在孔内，用直角尺检查放置是否垂直。

要使丝锥轴线垂直工件表面，否则要作适当的调整。

（4）用右手紧握在铰杠的中部位置，用力压入转动一圈。

（5）然后双手用力均匀，顺时针转动铰杠，每转一圈，倒转1/4圈左右断屑，防止丝锥折断，注意不要在同一位置倒转。

（6）内孔攻丝完成后，用右手逆时针方向旋转铰杠，退出丝锥。

对不通孔进行攻丝时，丝锥碰到孔底时要立即反向回转，否则有拧断丝锥的危险。

（7）头锥攻丝完成后，选取相同大小的二锥，进行二次攻丝。

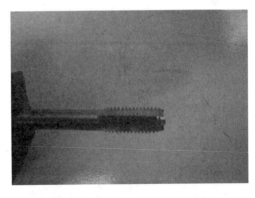

（8）同前，安装好二锥。

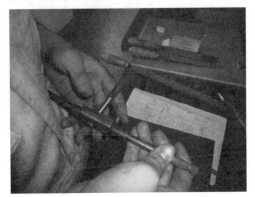

（9）同前，开始攻丝。

（10）攻丝完成后，松开台虎钳，取下六角螺母。

提示：

注意清洁螺纹孔内的铁屑。

8 倒角。

（1）把工件夹在台虎钳的左侧，为保护已经加工好的表面，夹持时可以用护垫进行保护。

（2）用细锉除去毛刺。此时采用小型锉时的握锉方法：右手拇指放在刀柄的上方，食指放在刀柄的侧面，其余手指则从下面稳住锉柄；用左手的食指、中指、无名指压在锉身中部，以防锉身弯曲。

（3）把锉刀倾斜一定角度，对准六角螺母的一个角进行锉削，锉出倒角。

（4）依次对其他五个角进行倒角，完成后，松开台虎钳拿下六角螺母。观察螺母外观，倒角后形成一个内切圆的即为良品。

9 检查。

（1）取一个M10的螺栓，把制作好的六角螺母旋进，若灵活自如，即为螺纹合适。

（2）参照图纸，用游标卡尺检查相关的尺寸，看是否符合要求。

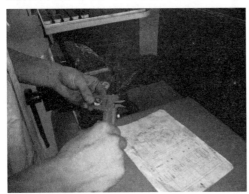

10 清洁整理。

（1）清洁整理好相关设备。

（2）清洁整理好工量具。

（3）相关量具清洁后上好油。

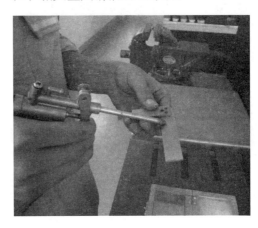

（4）用铜丝刷清洁锉刀，注意按锉刀上的纹理方向进行清刷。

（5）清洁整理好工作台（要求同前）。

七 考核标准

汽修基础钳工工具使用考核标准表

考核时间	序号	项目	配分	评分标准	得分
90min	1	着装规范	2	酌情扣分	
	2	检查量具、工件是否齐全	2	未检查扣3分	
	3	清洁工作台	2	未清洁扣2分	
	4	清洁各工量具	8	少清洁一项扣0.5分	
	5	分析图纸	2	未分析扣2分	
	6	正确打样冲孔	2	样孔打歪扣2分	

续上表

考核时间	序号	项目	配分	评分标准	得分
90min	7	铁块上正确画出正六边形	5	图样画线不正确扣5分	
	8	锯条安装	2	安装不正确扣2分	
	9	工件夹装正确	2	夹装不正确扣2分	
	10	锯削姿势	3	姿势不正确扣3分	
	11	完成工件锯削	6	每一面锯削错误扣1分	
	12	工件夹装正确	2	夹装不正确扣2分	
	13	锉刀的选用	2	选错一次扣1分	
	14	锉削姿势	3	姿势不正确扣3分	
	15	正确选用钻头	2	选用不正确扣2分	
	16	正确安装钻头	2	安装不正确扣3分	
	17	工件夹装正确	2	夹装不正确扣2分	
	18	清洁台钻	2	未清洁扣2分	
	19	正确选用丝锥	2	选用不正确扣2分	
	20	正确起攻	2	起攻不正确扣2分	
	21	攻丝姿势正确	3	姿势不正确扣3分	
	22	正确选用工具进行倒角	2	选用不正确扣2分	
	23	螺母厚度8mm±0.05mm	4	未达到精度扣4分	
	24	各平面的平行度	6	酌情扣分	
	25	对边距离17.32mm±0.05mm	5	未达到要求扣5分	
	26	对角距离20mm±0.05mm	5	未达到要求扣5分	
	27	孔	2	孔未打正扣2分	
	28	螺纹	2	试配不合格扣2分	
	29	倒角	2	倒角未到位扣2分	
	30	清洁整理工量具	2	未清洁扣2分	
	31	清洁整理工作台	2	未清洁扣2分	
	32	安全操作	10	零件跌落扣2分/次，量具损坏扣2分/次，扣完为止	
	33	其他		每超时1min扣2分，超时5min终止考试	
	34	因违规操作造成人身和设备事故的，总分按0分计			
		分数合计	100		